山林書院叢書 12

# 綠島解說
## 文本

陳玉峯 著

謹以本書，題獻

**吳莉華** 女士

**沈〇君** 女士

感念她們長期默默地，做些很有意思的事！

**陳玉峯** 敬題
2015.11

**自序 /**

# 順著感覺走

探索綠島的因緣，我相信是 1970 年代末葉埋下的，當時，我在台大植物系圖書館影印、研讀了松田英二的文章，他在追悼相馬禎三郎的文筆，聯結了自然研究與靈界的體悟。他說：

> 所謂自然的研究，不是多數世人所認為的，樹木與花草的研究；不是石頭與土壤的研究，也不是蟒蛇與蚱蜢的研究，而是透過這些，去敬拜背後的造物主或神的虔敬。曾經有人問我採集植物的目的，我以為如是：
>
> 進入山林的目的只有一個，
>
> 想要看看聖父的奇異的事業！
>
> 我的目的在此。說採集、研究，只不過是為了觀察更深奧的，廟堂宮殿之上的「某種東西」的程序而已！

松田氏之所以悟出自然與宗教的連體，是因為研究綠島植物的相馬氏的猝死，刺激他打破了唯物科學研究與靈界的藩籬，然而，這種隔離或障礙，純粹是人類某種不必要的偏執所自我設限。我早在高一的那年，就著迷於斯賓諾莎給我的啟蒙：「最大的善，就是能使我們的心靈和自然整體相聯結的知識。」即使當時我只是一種朦朧的感覺或直覺而已。

　　直到現在，三不五時還是有人會問我：「你是研究植物生態的，怎會去搞宗教、靈界的東西？」事實上，山林人生四十年，我老早就沒分別，面對如此不是問題的問題，我已從早年的「圓滿詮釋」走到了沉默。

　　我現在敘述的是，所謂內因外緣的聯結點而已。

　　無從得知我為什麼得走過3、40年，才得以身心合一地來到了綠島，貫串這因緣的熟成。我只能說，毫無意識地順著自然的感覺一路走下來的必然吧？！

　　首度綠島之旅是2014年6月下旬，無由分說，我立即愛上了這顆太平洋上的珍珠，它擁有一種獨特的野性美，截然不同於我數十年的山林經驗，於是，我想親炙它。善意的親近就是調查、瞭解、體悟它的前世今生，並以渺小的心力，為它做點有意思的正面提升或之類的小事。於是，9月、11月我前來兩次，花了9天的時程靜體天心。

　　我竭心盡力、淋漓盡致地調查地景、生物、生態現象，以及口述史的採訪。因此，小說《綠島金夢》及生態專書《綠島海岸植被》就在2015年6及7月出版了。然後，也該撰寫一冊解說文本，提供遊客自導式旅遊，所以這冊小書合該問世。

　　中年及之前，我認為研究調查的目的就是研究調查本身，以及感受造物主的佈局或內在結構的本質與意義。後

來，與其說我在做什麼研究，不如說我只是順著感覺認為可以做些什麼，就做些什麼。然而，一旦我選擇做下去了，就只單純、專注地做下去。緣起而做，緣盡則滅，悉歸無常，但我不求法，所以也沒有生滅事。

既然做了所謂的研究，些微成果的唯一「用處」，就是交付給有用之人。所以 8 月底，我去電綠島國小姚麗吉校長，約定 9 月 7-9 日，我將帶隊前往綠島，一方面進行生態之旅；另方面將我撰寫的圖書、附圖等電子檔，悉數移轉給綠島國小，強調沒版權，任憑推廣利用。另則招待幾位成大台文系學生，夥同志同道合的朋友們，展開 3 天 2 夜的生態人文之旅或生態旅遊。任何參與者，只要他願意，圖書、電子檔一概無償贈送。

這種方式，大概就是「研究成果」的「唯一用途」吧？！

為了這趟知識移轉及生態旅遊，行前我火速趕稿，寫成了本書最主要的第三章「環島一周的區域解說」，紙本發給同行成員，也請綠島人檢視有無訛誤。

原本我規劃，擬針對目前為止，尚屬模糊朦朧、撲朔迷離的綠島華人拓殖史，作一相對深入的探討。也就是說，嚴謹地循文獻、田野，花功夫追溯，而我認為必須深入的小琉球移民史，在宗教、政治史上，從來（似乎）被湮滅的蛛絲馬跡摸索，才有可能逼近隱性事實的突破。然而，我目前的

山海盟：左側砂灘即海參坪，右側海上岩塊即哈巴狗岩（中間）。（2015.9.8）

心境還提不起如此內在的動機，遂隨緣暫時打住，只以本書第四章，選擇幾篇文獻或文本，依我解讀的慣習，析論與讀者分享，因為我不認為歷來的研究或探討，已有明晰的解讀。再則，諸多情節，我也未能下達「安心」的判斷，但留此記錄而已，故而放在本解說小書，不必另撰所謂的學術論文。

第二章是個人認為綠島的總特徵，包括本質或本命、黑潮兒的孕育、解放的無政府主義，以及外人對綠島的唯物拜金想像。

至於前引，只是表達個人對解說的自我期許。

本書拜請長年贊助我研究的蘇振輝董事長賜序，聊表我們這代台灣人對母親母土誠摯、單純的孺慕與敬愛。

成大台文系師生於牛頭山，指向我國領海基點之一的飛岩。（2015.9.8）

　　2015 年 9 月 7 日我們一行 26 人來到綠島巡禮，在我來說是第四度前來，前三次是勘查、調查與試驗，這次是感恩、獻禮與再度接受綠島靈性的加持。這次，我的心境恰如天候、海象，陰晴不定、翻騰流變，但綠島地土始終穩穩如一，以它從來的堅毅、野性、壯闊，包容我等凡塵。

　　我帶著學生、友人，登上羊徑的公館鼻，下探睡美人岩頸等等，而海陸的浩蕩奔放、火成岩與貝殼砂的黑白對比寫照，直似人性擺盪在陰陽的萬般劇碼，而大化流轉於變與不變之間。或說，每個人的識覺，被綠島生界與無生界奇異的景象，傳染、勾引出無一影像相同的萬花筒，如果沒有禪定，必然被捲入數不盡的魔幻帝國，從絕美到極端的詭異，分不出太平洋與幻象之海的同異。

　　簡單的說，我相信絕大多數的同行者，一生迄今的經驗未及於貼近綠島地體所產生的震撼。不只是景象識覺的衝擊，而是綠島本身獨特的能量與氛圍，直似異次元世界的奇幻之旅。這是因為我曾經一步一腳印地走過，記錄、銘刻、拓印深淺不一的地景，特地挑選若干景點，帶同行者親炙。

　　然而，我每次的體會、感受都是千變萬化，只能說，綠島是生猛地活著，它是靈體本身。此行，我對生、死又有新的感悟。

　　由於綠島歷來的冤魂龐多，卻又是靈修極致的勝地。3 天生態之旅，直到尾聲，9 月 9 日中午 12 點半我才帶著同行前往機場西側，祭拜《綠島金夢》敘述的，1,030 年前遇害的百具靈骨祠。

　　我向綠島英靈祭禱：

　　一願先輩英靈持續捍衛家園、庇佑生界福地，讓綠島健康復育自然生態系。

　　二願綠島英靈牽成尚在囹圄中的犯戒法師楊尚賢，接引其出獄後，開啟綠島開基大廟的籌建，並延展台灣華人四百年開拓史上，尚未進行的總懺悔、迴向，力促國家元首向台灣時空冤靈道歉，且設置台灣太廟，進行靈界的轉型正義。

　　三願先輩英靈加持傳播妙音的護法，為創建台灣永世土地倫理佳音而法雨四播。

　　當我向同行者講解祝禱之後，同行膜拜、默禱。於是，天降雨水相應。當下我的感受，生死同化，無有分別。

　　這次綠島行，總的說，彷彿歷盡一生滄桑之後的童貞洗禮。我回到太初的無住無念。所以，不必再說。

　　順著感覺，自然地走，是序。

## 蘇序 /
# 生命典範——綠島巡禮

　　明年即將走入耳順之年，多年以來一直在尋找耳順的定義。為此，也常和教授請益他對人生種種之體悟，這人生的終極問題，彷彿是一個大哉問！如今，我終於在這趟綠島之行中，找到生命答案！

　　仲夏某假日登山回程中，在快樂電台聽到陳教授暢談他多年傳道授業之心境，每次皆是用盡心力地去呈現、溝通與解說，讓學子或夥伴們能夠理解並感受到他對台灣土地這份深刻疼愛；儘管他振臂疾呼、殷殷期盼，並用盡心思地付出，但長年來，依然無法達成他最終的期盼，因此他用了「溫柔的遺憾」來描述內心悵然之感。

蘇振輝董事長。

　　經過這趟綠島巡禮，陳教授鉅細靡遺地解說，使我的六根頓時開竅：「不是每個人皆能分享他身在山林中的自然喜悅與震撼、美麗與哀愁，所以該放下多年來的得失心，專注當下付出時的『態度』，才是最珍貴的感受。」是的，世間上人與人的因緣，不可思議，何其奧妙，印證了一切法，必仗緣起。

　　我聽到這句話，心頭為之震撼，全身起雞皮疙瘩，多年來所追尋的答案昭然若現！因為陳教授的一席話，徹底打通我的肉體、靈魂和意識，更讓我茅塞頓開，解開屆耳順之年的種種疑惑，也明瞭「溫柔的遺憾」當中所深藏的哲理奧義，最重要的是能在生死之間不斷學習與付出的人生態度，這就是"生命的典範"。

　　今年9月7日，教授帶領我們26個人，至綠島探索巡禮，實地解說近兩年來綠島的調查。本來我對綠島的印象，僅停留在十幾年前遊訪的回憶中，除了監獄、哈巴狗、睡美人頸岩，其他實已模糊了；但這次卻不一樣，透過陳教授的帶領，我們深入景點，佐以詳實動人的自然解說，包括人文、地文、生態植物、田野文獻，特別是黑潮流動的源流與演變，正深深地影響著島嶼的生界。我闔眼用靈魂體會綠島的前世今生，也許將屆耳順之年，讓我仿若能超越肉眼，看見自然界中的神奇演化。此番綠島行帶給我的獨特能量，也正如教授所言，猶若異次元的奇幻之旅！

　　正似在台灣這片土地上奮鬥的諸多民主前輩，如林義雄先生、陳定南先生、鄭南榕先生等⋯⋯，陳教授一貫投入的解說與令人動容的態度，讓我的腦海中浮現他對台灣土地的

守護和對環境愛護的實踐！他在生態教育播種的無怨無悔！
他在山林調查中的忘我與淋漓盡致！長年他投入社會運動的
身先士卒！課堂上他聲嘶力竭的真誠講授！這些觸人心弦的
人事物，都是生長在台灣土地的獨特精神，但願此精神能在
島嶼不斷傳承！他是我屆耳順之年所看到的人間生命典範，
謹以此文，致意感念。

　　天佑台灣！

楠弘貿易董事長

蘇振輝

10.14.2015

鄭序 /

# 跟台灣每一寸土地的心靈契約

　　俗話說：「畫的蒼蠅總比真的大，畫的大象總比真的小。」才子張潮的《幽夢影》也說：「文人說武事，大都紙上談兵；武人論文章，半屬道聽塗說。」兩句皆是至理名言！

　　1992 年，我參加靜宜大學的學術交流團，到中國南京、安徽幾所大學交流。由於事先知道其中包含登臨黃山的行程，想到「五嶽歸來不看山，黃山歸來不看嶽」的名句，十分嚮往，所以我特別央請中文系的戴麗珠教授多方協助，做了預習的功課，不但蒐讀了中國古人歌詠黃山的名詩，還飽覽了幾本彩色的黃山名勝圖錄。

　　那是個三月底的天氣，到了黃山下時，我的呼吸卻不太順暢。起先勾起我 1967 成了大學新鮮人而初次走過陽明山後山的硫磺谷而氣管癢癢的淡淡記憶，然後慢慢加重，又勾起了我少年時每次聞到有人家在使用一種約 20 公分高、圓柱形而有垂直多孔的煤球，當時通用的日本名稱發音接近「連盪」的，很快就引發呼吸困難，所以總是快速避開，有時還要經過一段時間靜坐調息喝熱水才能回復平靜的經驗。很久以後，大約 1973 吧，才被診斷為氣喘病，在那之前，都說是「中氣未透」，已經服用多年的「鐵牛運功散」了。在黃山下投宿時，氣喘已成形，我已確定自己無法登山，只

好陪著一腳不便的美國人海柏教授留在飯店談天，好在我已練就一身與氣喘相處的功夫，而且隨身備有氣喘解藥。

那次，換得一整天的尋繹深思。

從前讀書，中國文化史總說湖筆、徽墨、宣紙、端硯「文房四寶」，中間的兩項，就都出在安徽；千古歌詠、傲視五嶽的黃山，也屹立安徽；地理課本更以表揚的口吻記述安徽產煤的盛事。不過，怎麼都沒有描述到因此當地人家家戶戶多燃煤，或當地的空氣特質，以便氣喘患者能夠因應？害我乘興而來，只買了一件印有水墨黃山圖的粗棉衛生衣做紀念，就敗興而返！難道，這樣的好山好水，千古之下，還有待更周全體貼的導覽解說員？或者，千古之下，勝任的導覽解說人員更有待周全體貼的「解說文本」？原來莊子哲學裏的「有待」和「無待」，要在我這個氣喘黃山向隅客困頓時，特來啓示道家哲學的人間足跡；特來彰顯「道無所不在」的深蘊真諦？

從前我是以主張「讓八股文自己說」的態度去研究「八股文」的第一人。旬前我應邀到高雄市文化局，擔任了一堂科舉時代的遺蹟鳳山「鳳儀書院」導覽解說人員培訓課程，講題為「書院與科舉制度」。我用較為生活化的方式，說明了中國科舉制度、科舉文化的社會風貌、台灣史上真正科舉經驗以及科舉考試在現代台灣的遺痕等等四個層面的異同。這四個層面，的確各自相關而不相同，若不加以釐清，可能越導覽、越解說而越誤導民眾，到了古今不分、中台無別的地步。想不到日前偶然閒談中，又聽到深刻研究台灣歌謠史的成大退休教授呂興昌學長說，日本老歌〈達者でなー〉，

講的是不得已而賣掉愛馬的心情，葉俊麟作的台語版歌名是〈可愛的馬〉，忠於原作，也傳唱數十年了，但呂教授咀嚼再三，認為時空背景從日本換到台灣，若以台灣土地民情來說，這首歌的台語版，似乎改作〈可愛的牛〉，會更感人。他這一說，的確令我心折。因為，在台灣，可能要由牛來詮釋那首歌，才能讓人充分領略人與土地的聯結！

台灣教育史上的先驅，比日治時期更早來到台南傳教並由此推動台灣人現代教育的英國長老教會牧師巴克禮（1849～1935）博士，不但把他 86 年的生命奉獻 60 年給台灣，並且逝於斯，葬於斯。甚至他從 16 歲生日簽下「獻身契」，發願獻身神學後，其後每年生日都在那份獻身契上再度簽名確認，以示此生不渝。這樣的典範，真值得台灣人珍惜與尊敬！

數十年來，我總覺得陳玉峯教授是最親近台灣土地和台灣人心的行動派學者。他不是以每年發願的方式來表達此心不渝，而是以每天的每一腳步，對台灣的每一寸土地付出心血，代為發聲，即使海上離島，也未曾輕言割捨。最近他以親履實勘的腳印，先後密集推出小說《綠島金夢》、生態《綠島海岸植被》和這本導覽《綠島解說文本》，我稱之為「綠島三書」，而這本解說文本，更是他本人親自導覽解說的專業要領及真實內容，最接近「讓綠島自己說」的境界，應該可以看做是綠島解說的「正解」吧！

聽說誤喝了假酒而中毒時，必須要再喝真酒來緩解。我是尚未到過綠島的人，並不自知有無受過「綠島假解」之貽誤，但能直接讀到這本「綠島正解」，而不是像本序開頭所

引的「蒼蠅大、大象小」，或「文人談武、武人論文」之類
的笑談，實在是受用無盡。所以，我極樂意作此短序，獻給
讀者。

前國立台灣文學館館長
前台南市教育局局長

**鄭邦鎮**

2015.11.06

# 目次

# 綠島解說
## 文本

# 解說的解說

　　人要溝通就有解說，解說無所不在。跨越時空的解說，包括文字、圖像等。而台灣之將解說當成體制或編制內的專職，且解說的內涵以環境現象為主，則或以國家公園的成立為嚆矢，而民間則遠較體制早先很多，包括一般旅遊的導遊等。

　　1984 年，墾丁國家公園開啟國內體制常態解說的業務，筆者任職解說教育課技士，當時，國人接受解說導覽的風氣未開，解說員服勤時頗有挫折感，筆者在培訓解說員之際，以鼓舞其信心為旨趣，強調解說原則為「enjoy yourself」，自娛娛人，但其必須能察言觀色、洞燭人心，善巧方便地擔任人地之間的鵲橋或媒介。

　　1985 年筆者就任新開張的玉山國家公園管理處，擔任解說教育課暨保育研究課兩課課長，恰好熔「原料與產品」為一爐，一體成形，但依然未能擺脫自然科學研究者的唯物匠氣；即令理念業已內化，形之於外者，仍然是知識掛帥。畢竟，無論是導覽、演講、授課或語言溝通，最容易理解的是知識及資訊的陳述，進一步則可延展感性、直覺、心靈和弦的分享，但時而得看「八字」、場域的特定際遇而定，通常實屬不易，再要好的朋友也不見得可以共享同一顆流星的

瞬間悸動！

　　知識、理性的解說是謂「理」解，及於事理或現象的一時性符合邏輯，但常不及於心；而感性、直覺、藝文式的意識流傳達，很難對旅遊者在陌生環境，或浮動心念的情境下，導引出共鳴的和弦，但至少，眼見為真，是謂「瞭」解，或一「目」了然吧！

　　我們看見的陽光是八分鐘前來自太陽的輻射；夜晚觀星，徹底是千、萬、億年前的舊照片。任何語言、文字、講演、解說、教育都是「過去式」，重點在於啟發聽眾當下的現在及未來進行式。

　　1980 年代末葉、1990 年代，筆者狂熱投入社會運動，宣說的對象一應俱全，對所謂的解說，殆已沒有特定模式，而解說的技巧或原則，強調「食髓知味，樂於分享，當下創

**筆者在中央高地南一段脊稜。**（2013.3.5；陳月霞攝）

造，適可而止的活體表演藝術」，而且，了知解說或教育工作，是種極為耗能的能量散發，或感染的精神燃燒，必須是發自內心赤誠，才可能「touch people's heart」，如果無法感動自己，當然也不可能感動別人。

　　然而，筆者還是無法卸除長年來的一種「溫柔的遺憾」，也就是無能與聽眾或國人，分享我在山林自然的喜悅與震撼、美麗與哀愁、空性與出離，等等，也就是說，筆者渴欲將解說推向「悟解」的層次，但始終還是沾黏在不同心靈體之間的隔閡。所謂「悟」解，不僅要「深得吾心」，還要求打破人我分際，或說，解說或教育的第三層次，殆為靈魂、意識、信仰、覺悟的無形流通。

　　舉例說，2013 年 2、3 月間，筆者伴隨 MIT 縱走南一段，聊充逢機解說的工作。3 月 2 日午後，我們從小關山（3,249 公尺標高）南走於風雨中。經雲水山之後，歷經筆者一生行走山林幾乎是最為狂暴的天候 3 小時，摸黑始抵達「淺草坡營地」之前的臨時紮營區。而近似的天候環境下，2011 年冬，6 位登山客死了 2 人。

　　在那驚濤駭浪、視野一片翻滾的模糊中，我們頻頻被風暴擊倒在玉山箭竹海上。然而，在那一步一艱難的 3 公里脊稜路，我了悟畢生申論高山生態系的，諸多早已理解、瞭解

的道理。我心平寧、喜悅，甚至興奮於諸多了悟，我知道玉山圓柏如何盤虯曲張；我明白高山植物如何續絕存亡；我與墮崖的鐵杉合一；我的血脈與冷杉的維管束不分彼此，而生死完完全全是同一回事，遑論槍林彈雨中的士兵為什麼只知

台灣鐵杉林的霧雲，具有說是一物便不中的美感。（2013.2.27；南一段）

向前猛衝。

　　當我在暗夜中抵達營地，面對鏡頭，迫不及待地想要分享最浪漫的悟解，而正在釐析、臚列我的「發現」時，猛然察覺四周的氛圍一片低迷，而阮桂瓊女士在旁淚流滿面，直呼：「真的不一樣！真的不一樣！」而令我打住我的「報告」。

　　也就是說，我的「解說」，某種程度可以「感動」一些人，可是，卻在解說的「音障」中無能突破，筆者跨越不了無形的藩籬，無法以語言穿越。因為我心目中，「解說」合該跨越時空，足以讓人縈繞三日、三年、三十年的蕩氣迴腸。

　　此中關鍵在於「心靈」並非「靈魂」，語言、文字、想像、冥思都跨越不了兩者之間的「不同世界」的界面，但「語言」的確可以超越，如同禪門的「公案」，可以擊發「靈解」！

　　筆者認為「解說」的旨趣，正是超越「解說」本身。解說可以做到「解脫」！

　　30 年來，台灣的社會風氣、價值觀或典範幡然鉅變，如今，資訊蓋過知識，知識淹沒智慧，然而，無論如何，人的本質並無改變，筆者仍然相信，「解說教育」在特定的機緣下，可以啟發或改變聽眾數十年後的思維與行徑，因為台灣一貫的禪門或隱性文化，就是如此一脈相承（陳玉峯，2013）。

　　如此贅述，是要說明解說文本只是「糟粕」，絕非解說本身；但欠缺這些基本的原料，則沒有解說。解說與解說文

本或其內容，有點類似「精神與肉體」、「靈魂與身軀」的關係。

　　關於綠島的解說教育或生態旅遊的文本，迄今為止已屬豐富，此中的靈魂人物，殆即畢生投入鄉土研究、鼓吹、試驗的林登榮老師。無論官方或民間，理應向這位綠島環教先行者致敬與致意才是。

　　然而，時下國內的解說文本研究或研撰，以及通俗性解說手冊之間含混不清，而前者，依筆者界說，應屬研究報告，必須是嚴謹交代考證或引證；後者是直接提供給民眾的可靠性知識、資訊，包括具備引人入勝、淺顯易懂的，誘導性解說技巧的內容。

　　由於通俗性時下解說圖畫、手冊、摺頁等文本，欠缺可資矯正的機制或規範，且當前社會風氣似乎容許常見的草率或道聽塗說，加上解說已涉及藝術創作或意象的想像世界，甚至是蓄意地創造模糊，難以一刀兩斷，因此，過往解說文本的諸多「錯誤」，除非必要，否則不予「辨正」。至於研究報告或嚴重違反史實等顯著「筆誤」，則在相關引述時，視狀況而略作註解之。

　　本書整合歷來相關資訊，依據筆者實勘、調查、景觀經驗評估，以及個人解說 30 餘年的台灣經歷，主觀篩選文本內容，輯撰而出，而文本免不了只是解說的局部材料，解說時固然可以雜糅或全盤托出，但已失解說旨趣。

# 綠島特徵概說或拾遺

　　2014 年學習、調查、探索綠島以來，我認為綠島最重大的特徵大致如下。

　　其一，綠島是菲律賓海板塊的海底火山所形成，代表自高壓、地殼禁錮下的大解放，相對應的，日治、國治時代的設置監獄，乃至突破禁錮的歷程，地文與人文的現象或象徵雷同。

　　其二，自廣義天文包括氣候，乃至水文、地文的觀點，綠島盡屬熱帶，綠島生界元素大致由菲律賓等東南亞、東北亞，循黑潮及東北季風等環境因子，南北往復傳播、遷移而來，台灣甚或中國元素的遷入，大多為人為因素所造成，其原生生態體系應與台灣的關係薄弱。

　　其三，20 世紀或日治之前，儘管華人早在 1799 年或更早之前入主綠島，但從未被清國等外來政權統治，約略相當於台灣唯一的「無政府主義」樂園。1950 年代之前，綠島華人雖保有原鄉泉州人的主體文化，但生活型或衣著上空等習性，已受到熱帶島嶼生態環境或原住民文化等所「同化」。

　　其四，個人認為綠島華人代表鄭氏王朝「義不食清國粟」，先流亡小琉球，再東遷綠島最後的「遺民」，其母體文化殆即鄭成功的「倫理節操」，以及閩禪「觀音法理」兩

棋盤腳適合海漂傳播的果實。

蓮葉桐鉻黃雄蕊的雄花，以及柱頭粉紅的雌花。

印度鞭藤果實。

蓮葉桐成熟的果實，總苞長成圓球筒。

大內在精神，也就是原味台灣精神純草根族群在孤島的唯一
代表，可惜迄今似乎無人深究且彰顯之。

　　其五，大約千禧年之前，或過量觀光客湧進綠島之前，
或更精確地說，在現代文明及人潮進入綠島之前，綠島人對
自然資源的運用，以及自然資源在生活文化的呈現，殆為華
人之最，或說自然文化的程度最高，即令他們摧毀了綠島原

恆春半島、蘭嶼及綠島等擁有一些共同物種，也就是黑潮從熱帶島嶼帶來
的海漂物種，例如棋盤腳、蓮葉桐、毛柿、印度鞭藤等等。本圖為入夜盛
花的棋盤腳。

生生態系的絕大部分。綠島文化或可代表泉州人進入熱帶島
嶼的演化與變遷的範例。

　　如今，綠島以 20 世紀兩大政權的海島監獄文化為特徵，
但每年龐大的旅遊潮卻以年輕世代為主要，他們遠離了台灣

的滄桑史，沒有時代悲劇的印痕；他們盡情於太平洋遺世的
壯闊，忘懷於熱帶小島的風情。我在欣慰於年輕世代的自由
奔放之餘，藉此解說文本，提供有心人、有緣人，逢機分享
若干自然或人文的連結。

# 1. 綠島的前世今生

　　很久很久以前，蘭嶼達悟人稱呼綠島為「itanasey」，
意即「一直成長」，而綠島的確一直在成長之中，但「一直成
長」的解釋卻很多元。近 8 萬年來，綠島向上躍升的速率，
平均年長高 0.34 公分；2 百萬年來，台灣島在海拔高度的成
長被估計在 4-10 公里之間，或說平均年長高 0.2-0.5 公分。

綠島最高海拔的火燒山頂一等三角點。火燒山以火山口遺跡為著名，事實上現
今看不出有何特別的跡象。(2014.11.9)

牛頭山長長的「牛背平臺」，正是漫長時程的
海蝕切出的「海蝕平臺或海階」。(2014.9.2)

也就是說，我們的土地一直在長高，也在快速崩塌。

土地長高是因為歐亞陸板塊與菲律賓海板塊，在花東縱谷一帶向地心隱沒、流動，但兩大板塊斜交，以致於一方面向下隱沒，另一方面將上段地殼抬舉。

在海底的菲律賓海板塊往西北方向移動，每年平均水平大約走了 8 公分以上。海板塊在流動過程中，難免因地殼厚薄或質性差異，以及其下方地函的因素，產生條帶狀的火山弧，偶而就會爆出海底火山。

大約 2 百多萬年前，某次的火山爆發，乃至往後的另次爆發，形成了綠島地體的前身。現今綠島的兩大突出的山頭：火燒山（高約 280 公尺）與阿眉山（276 公尺），正是火山口的遺跡，或說，被長期侵蝕之後的蝕餘殘丘（monadnock）。

就在台灣本島造山運動最劇烈的 100-200 萬年前期間，綠島首度冒出海平面，然後，發生了第三次火山爆發，但火山的活動到了約 50 萬年前便已停止。由現今綠島的岩層檢視，火山活動大致產生了 4 個階段或時期的不同岩性。

綠島冒出海平面以來，更因氣候變

遷，發生了多次的冰河期、間冰期或小冰河期，有的階段甚至於整個綠島再度隱沒在海平面下，反之，在大冰河時期，冒出海平面的綠島面積有可能比現今大很多。

在相對穩定的長時期，海平面的海浪朝陸地打出來的平坦地形，就叫做海蝕平臺或海階。

已知海拔最低的海階面約是標高 2-15 公尺，亦即現今的海岸平原區；第二階標高約 45-55 公尺之間，大約是在 3 萬年前的海浪打出來的，例如牛頭山草原區。另如 100 公尺、150 公尺、200 公尺、230 公尺等海階，然而，各海階並非發生時期的順序，而是大氣候變遷，夥同地體升、降的動態現象。

筆者推測綠島第一批熱帶雨林生態系出現於約 30 萬年前，但隨後可能發生海進的大滅絕。現今的植物群落有可能是 3 萬多年來才新形成的，但在西元 1800 年至 1950 年代，被華人破壞殆盡。

較詳細的綠島地體變遷，請參看拙作《綠島海岸植被》第 2 章。

綠島地體的母體叫做「成功、綠島火山弧」（註：因為這條海底火山弧的前緣，約在 40 萬年前，在台東成功附近，撞上了海岸山脈），目前持續穩定地往西北走動，預估 40 萬後，綠島與今之台東市完全撞連在一起，而且，海拔高度有可能超過 1,360 公尺。

我也想像，綠島撞上台東市之前，台東市與綠島之間的海上，可能冒出不同的新生島嶼，說不定也有新的火山爆發。

台東富岡漁港的靠山，單面山形的猴子山，它是台東海岸山脈的最南端，預估
40 萬年後，可以長高到海拔 1,500 公尺以上。(2014.6.24)

　　世間現象永遠是不斷變遷，滄海桑田、成住壞空。拉寬
時、空範疇，人的心胸格局或可產生奇妙的風景，人生也會

發生另類旨趣。

　　綠島之於我，一直有種意象，代表衝破地殼禁錮的象徵，或來自地心、地函的解放，而且，帶有朝向台灣本島會合、融合的向心力。

　　我看綠島，並非以冒出海平面的小島看待。我想像著從深海海床恐怖的壓力之下，如何在千百萬年來掙扎，出冒岩漿，間歇、緩慢地形塑海底金字塔形地形。我幻想，自海床崛起的綠島底盤面積，應該比現今台灣島還要大，而總高度也該超過 4,000 公尺吧！現今的綠島只是「冰山一小角」，它真正的地貌是謂「深藏不露」！

## 2. 黑潮與綠島──側寫姚麗吉校長

　　太平洋北赤道洋流的中心，大抵座落在北緯 15 度附近，因受到東北信風影響，往西流向菲律賓東方海域之後，轉向北溯，是謂「黑潮」暖流的開始。這股洋流不僅水溫較高，鹽分較濃，海水密度也較大。它約在 6-9 月的夏季，因受到西南氣流的影響，流速增強；冬季（約 10-4 月）則遭遇逆向東北季風的力道抵銷，故而流速減緩。

　　恆春半島東方約 40 公里處即黑潮主流的主軸，夏季最大流速約 130 公分／秒，它的寬度約有 110 公里，當它北流到宜蘭外海，寬度擴展至約 150 公里，且經西南氣流催速下，最大流速增加至約 140 公分／秒。越過宜蘭海脊之後，劇增為約 170 公分／秒。

　　冬季時，黑潮的最大流速線通過綠島西側附近海面，流

速僅約 40-75 公分／秒，相對於夏季的 50-150 公分／秒。
而 2014 年 9 月 11 日早上 8 時，恆春半島東方的黑潮北上速
率平均約 60 公分／秒（網上搜尋）。

　　黑潮這條介於台灣東部與綠島之間，而偏在綠島西側的
最大流速線，在古代或非動力船的交通時代，若遇強風等，
容易形成船難，且讓受難船骸、物品、人員等，增加漂流上
綠島的機率。

　　19 世紀期間，英國船艦或帆船就曾發生過三次，或因
船難而到綠島避難，或因擱淺而上岸，或尋求淡水補給而寄
航綠島（日治初期口訪）；1894 年抄行的《恆春縣志》在補記
紅頭嶼與火燒嶼時，提到了一句：「商船避風，間有至其地
者（註：綠島）。」這是 1877 年 4 月，恆春縣派周有基、游樂
詩、汪喬年等一行 20 餘人勘查蘭嶼回來之後，可能是他們
附帶說出綠島的耳聞。又，18 世紀末、19 世紀初（1799 年、
1804 年或 1813 年、1850 年等）幾波華人遷入綠島的因緣，依口傳
史，多描述為起因於暴風、海漂，從而登陸綠島、定居；甚
至一、二千年來至 200 年前，台灣本島原住民阿美族、卑南
族、噶瑪蘭族、凱達格蘭族等，都曾經順黑潮流路，取道、
登陸綠島，再流遷台灣或其他各地。

　　換句話說，早期人種之與綠島，如同海漂植物的傳播，
悉拜黑潮自然力之所賜。

　　相對的，黑潮的最大流速線，也導致綠島、蘭嶼等，之
與台灣的自然隔離機制，加上遠離台灣與中國的歷史糾纏
區，可以說，清國割讓台灣給日本之前，綠島始終是「化外
之地」，因為直到上述 1877 年周有基等人登陸蘭嶼之後，

同年，清國才將蘭嶼與綠島正式納入版圖，但行政力根本不及於此，只是形式上的一種宣示而已。

甚至，我個人懷疑，綠島華人的先人，可確定主要來自小琉球，而小琉球我一向視為陳永華以宗教、幫會反清復明的地下工作，最後餘脈之走避清國統治的化外地區。綠島可能是代表鄭氏王朝流亡太平洋的最後據點，只不過史書上沒有或不能敘述而已。

黑潮對綠島的隔絕作用，乃至地處偏遠等效應，導致雖然綠島號稱華人移民東台的最早區域，直到日本統治台灣之後，對外交通仍然十分艱困。

上述即自然現象的黑潮，之與綠島生界史的大概。而一般遊客到綠島旅遊時，如何在陸域上觀看黑潮？

**綠島人曬章魚的方式傳自日治時代。**（2015.9.1；陳月霞攝）

帆船鼻頭下瞰，靠岸流的海水與黑潮主流的交會處，形成一帶動態的翻白浪痕跡。（2014.9.3）

　　黑潮大致上由南向北流，因此，綠島除了北海岸之外，東、西、南海岸許多時候都有不等的顯著程度，看見黑潮與岸邊海水交界的沖盪線帶，當然它是動態的交激。整個綠島海岸，最容易觀看此一界線帶的地點，首推帆船鼻，而「帆船鼻」地名的由來，正是黑潮海流界線帶所產生。

　　「帆船鼻」原音、字皆為「翻船鼻」，也就是古來欠缺足夠機械動力的船隻，在帆船鼻外海區，若遇上黑潮洋流與

靠岸相對靜流區的界面時，十有八、九翻覆，故名「翻船鼻」。後來，以該名不雅、不祥，才諧音更替之。

## 黑潮與草繩網

綠島國小校長姚麗吉（2014 年由公館國小校長轉調）較詳細地解說如下：「⋯⋯早期靠人力、風力的船隻到達這裡時，很容易翻覆，因為此區的黑潮強勁！熟悉綠島水性的我們，不管是標魚者、划獨木舟的，在此區域我們懂得儘量往岸邊靠。然而，太靠近陸岸則怕浪，大浪打到船體，船若碰上礁石就翻，反之，太接近黑潮水流界面，衝不過也翻，何況逆著黑潮洋流，也划不動。」

「黑潮北流遇上綠島時，隨著愈近岸邊石頭的阻力，流速減緩，且產生複雜的漩渦或亂流，懂得靠岸且維持安全距離，獨木舟才能平安划過帆船鼻。」

「帆船鼻海域的黑潮界面區，海水深度約僅 5、6 公尺而已，那裡，在特定時期，會有許多飛魚聚集，是逆游的地方。兩艘漁船合作，兩船各丟下一條長繩，派人下海，將長繩綁在一起，繩長共約 5、6 百公尺，繩上每隔約 5、60 公分結繫一把稻草叢，兩船駛開，牽成一張『草繩網』，事實上，只

東海大學美術系學生借住姚校長的家，也為該屋彩繪。可惜彩繪內容如椰子樹、梅花鹿等顯著圖案，都是綠島本來不存在的外來種，而百合、林投等本地種只是配角。70多年來反本土教育的毒害，一覽無遺，而沒人有感覺！（2015.9.1；陳月霞攝）

是一條綁繫稻草的長繩，並沒有網，但對飛魚群而言，狀似被網圍住，而飛魚通常浮游在約 1 公尺水深而已。」

「兩船以草繩『網』將飛魚群驅趕向岸邊，脫離黑潮洶湧區，然後慢慢收繩，收到兩船相距約 30 公尺時，才各自拋下真正的漁網。一次下網都可各自撈起飛魚數千斤！」

我曾多次訪談捕魚達人的教育家姚校長，他認為教育志業最快樂的事，就是「看到學生的笑容」！

## 四季課程

無論先人來到綠島定居的久遠與否，綠島到處可遇草根傳奇人物，而教育圈，我特別推崇姚麗吉校長。他的作為，精彩多樣、寓意深遠。在此，我只列舉 7 年來他設計執行的「四季課程」簡介之。

「秋課」即帶著綠島的小學生，會同新竹光武國中的學生，一齊登上合歡主峯與北峯，體會台灣高山的生態與地景，經歷綠島孩童從未感受到的高地生界氛圍與課程，同時，由新竹的招待家庭接待綠島小孩。新竹的小孩則由姚校長在冬季，接待來到綠島，實施 2 天的海島課程。如此的山海交流，全方位實施生活、知識的體驗教育，也讓小孩領會不同區域文化的況味。

「冬課」就是校長帶著高年級生（五、六年級）跨海，從台東騎單車到花蓮，第三天從花蓮搭火車回台東、綠島。師生沿路進行逢機教育，也載著圖書，訪問、贈送給特定的教養院。

「春課」則由高年級生，設計並實施兩天一夜的在地露

宿（營）活動，由六年級生自行規劃一切，包括教導學弟妹如何搭帳篷、煮食，以及團體活動。

「夏課」即將畢業，畢業生必須兩人一組，划獨木舟，環繞綠島一圈，然後，潛水到海中接受畢業證書，完成畢業典禮。

我必須以減省形容詞的方式，客觀、素樸地交代這部令人動容、震撼的四季課程，否則，我得以一大本書來析論其內容及意義！同樣地，我如果要敘述一次畢典的流程，從張羅獨木舟（法國品牌）連同划槳與救生衣，3萬5一艘；戒護人員；救難船隻；家長同意書；遭遇翻船事件的過程，該夜舉辦「生命教育」課；海面下畢典物品、儀式……，姚校長所下的功夫、用心，則一部大傳記文學也不足以道盡他的「無功用行（無所求行）」（註：禪門用語）！爾後，但視因緣，或可為綠島人物書寫傳奇吧？！

可以說，綠島人正是黑潮兒，但也得如姚校長等人物，始得彰顯綠島的本質。而全國唯一的國小畢典，獨木舟環繞母親母土一周，以及深潛領取證書，堪稱全球唯一的土地文化的典範啊！

事實上，獨木舟繞行綠島面對的，不只是黑潮的挑戰，另如獨木舟忌諱的強烈陣風，最顯著者，即東北角牛頭山海崖及海上「樓門岩」之間，6月天的南風吹到此地，轉變成地形的「風隙作用」，獨木舟甚易翻覆。試想少小的生命，接受如此野性自然的洗禮與淬鍊，成就的將是何等的一副身心！

至於姚校長的「戶外教育」的風險，他堅信「比打籃球受傷的機率還低」！

# 3. 綠島是台灣唯一 無政府主義的香格里拉——1895 年之前

　　綠島與蘭嶼從荷蘭、鄭氏王國，到清國統治台灣的 212 年期間，幾乎完全屬於無政府狀態的香格里拉，直到日本佔領台灣之後，才真正將之納入管轄。然而，綠島卻是整個東台灣，最早被華人拓殖的地區。也就是說，綠島真正被納編管理的是日本國，有趣的是，綠島及蘭嶼被清國編入台灣版圖（1877年）的原因，也是來自日本所引起。

　　日本老早就想併吞台灣了，只苦於師出無名。

　　1871 年 12 月，琉球漁船在台灣東岸的八瑤灣附近遇難，漂流登陸的人卻被高士佛及牡丹社的原住民殺掉 54 人，12 人逃到鳳山，清國官僚才將之送回琉球，是謂「牡丹社事件」。

　　當時琉球並非日本的版圖，日本人卻利用這個爛透了的理由出兵台灣。1874 年 2 月，日本設置「台灣番地事務局」，並於長崎成立侵台軍事基地，派遣陸軍中將西鄉從道，率兵三千進攻台灣。2 月 10 日，樺山資紀（即後來台灣的第一任總督）及水野遵第二次來台偵查，並參加牡丹之役；3 月 22 日，日本大軍由車城的射寮登陸（主帥西鄉從道 4 月

7 日才登陸）。

　　日軍集結後進攻牡丹社，排灣族民坐守石門天險與日軍血戰，打得有聲有色。日軍退守於今之墾丁國家公園的西北界的龜山，屯兵開荒、等待救援，當時他們在龜山設置「都督府」，還設立石碑為記。

　　腐敗的清國派遣福建船政大臣沈葆楨到台南府城坐鎮，

1874 年日軍攻打牡丹社，排灣族原住民坐守石門天險，打得有聲有色。

且先後調動萬餘軍隊來台，卻在戰、和兩派之間擺盪；日本亦玩弄兩面手法，反正最後是清國承認日本的侵略行為是「保民義舉」，清國賠款 50 萬兩了事。而雙方會談時，清國官僚竟然說出：「生番固我化外之民，伐與不伐，亦惟貴國所命，貴國自裁之！」

試問清國處心積慮，花了數十年時程打了台灣，設官統治，強調台灣是版圖轄下，一遇日本入侵，竟然無恥到如此地步，日本當然吃定「野滿」！每次我到石門古戰場，想到原住民、台灣人、歷來的外來政權，包括迄今還是讓「滿清」在「統治」，總是悲憤不已，但較之今之滿街「共匪」，只能「讚嘆」台灣人夠「偉大」、夠「寬容」！

話回風光得意的「欽差大臣」沈葆楨，遲至 1874 年 5 月 4 日才來到台灣，但他並非殺到恆春來，他自己「坐鎮府城」，只派兵備道夏獻綸到龜山去見西鄉從道。等到 11 月 12 日日軍撤出台灣，沈葆楨「大展宏圖」，上奏「開山撫蕃」、「恆春設縣」，於是，1875 年台灣廢除了屬行 190 年的封山海禁政策，清國下令由台灣兵備道夏獻綸及台灣總兵張其光連銜，公佈「招墾章程二十條」，獎勵中國移民湧向台灣山地，大加殺戮原住民，同時，兵分三路打通台灣東西部的橫貫道路，這也就是包括吳光亮開發八通關古道的由來。

於是，1875 年 2 月 9 日恆春（琅𤩝）「築城設官」，定名「恆春縣」。

第一任恆春知縣是廣東人周有基，《恆春縣志》（屠繼善，1894）卷三記載他的文字只有：「周有基，號麗生，廣東南

1984 年筆者調查龜山，全山被黃荊所披覆。

海縣監生。光緒元年七月初五任；丁憂卸事。」

換句話說，周有基在 1875 年 8 月 5 日就任恆春知縣，但因父或母喪而卸任。《恆春縣志》記載的第二任知縣叫區則敬，他是在 1875 年 12 月 24 日（光緒元年 11 月 27 日）走馬上任的。因此，周有基的任期不可能多於 141 天就不得不下台了。

不確定周有基任官時，是否將父母接來恆春居住，而當時守喪必須滿 3 年。奇怪的是，周有基卻在 1877 年（光緒三年三月）跑去蘭嶼視察，導致回來後，將蘭嶼與綠島劃入版圖且歸恆春縣管轄。然而，劃入版圖只是紙上作業，至少在 1894 年出版的《恆春縣志》根本找不到派官、分汛或任何措施，關於該兩島的資訊，僅只言不及義的附屬一小段，所

黄荆。

以我才認為清國行政幾乎完完全全不及於蘭嶼及綠島。

關於周有基的任官及勘查蘭嶼詳情，由鳥居龍藏於1898 年到恆春搜集到完整的史料，詳見林熊祥編（1958；1984；8-18 頁）。

但蘭嶼、綠島之被清國收編的事，卻扯出案外案，也就是《恆春縣志》可能有 2 個版本或以上。

現今流通的《恆春縣志》是 1960 年台灣銀行經濟研究室編印的「台灣文獻叢刊第 75 種」，它是從中國帶過來台灣的版本，先是由台灣省文獻委員會在 1951 年付印了一次，台銀經研室第二次重校印（方豪主事）者。

方豪在該書弁言提及，1931 年日本人稻葉直通、瀨川孝古合著的《紅頭嶼》一書中，述及蘭嶼「島之歷史」記載：

> 如看恆春縣志稿本，則有光緒三年三月固有基（註：周誤植為固）、汪喬年等一行二十餘人勘查此地（註：即蘭嶼），並把此地劃入恆春縣的報導。這是政府派員視察曾被列於化外之島的嚆（嚆）矢。

方豪認為稻葉、瀨川兩氏看到的是至少 1931 年還存在於台灣的台灣版《恆春縣志》，相對的，中國版這段文字是：

> 光緒三年，前恆春縣周有基（註：筆者認為漏掉一個「知」字，應是「前恆春知縣」）、船政藝生游樂詩、汪喬年，偕履其地，歸述其所見如此。

　　我在 1984、1985 年間，任職墾丁國家公園管理處時，邊做野外調查研究，邊進行在地文獻收集。我曾收集到一本在地的《恆春縣志》，可惜搬多次家，不知置放何處，但我記得該民間版並非手抄本，而目前手邊我無能答覆方豪的疑問。然而，關於版圖、政治或相關情事，不經詳盡考證，我不敢信任日本人，畢竟日本人曾經編杜吳鳳神話，連真正登玉山頂第一人的史坦貝爾，日本人也刻意隱瞞過（陳玉峯，1997），雖然後來另有日本人為其平反。

　　《恆春縣志》卷一的「疆域」有提及蘭嶼（紅頭嶼），但並無綠島。

　　《恆春縣志》只在最後一卷（22）的「雜志」，附帶提及「紅頭嶼與火燒嶼」，無可多參考。其在描述蘭嶼，用了141 個字之後，即接上引：「光緒三年，前恆春縣周有基……歸述其所見如此。」

　　然後，提到綠島：「又有火燒嶼者，橫直二十餘里。與紅頭嶼並峙。水程距卑南六十里，有居民五百餘丁。商船避風，間有至其地者。」

　　因為日本人侵略恆春半島的牡丹社事件，清國打破從來對台灣的封山海禁政策，也在設置恆春縣的 2 年之後，因周有基的勘查蘭嶼，附帶將綠島「正式收入版圖」，但直到割讓給日本的前一年，直接「統治、管轄綠島」的恆春縣，對綠島可說是一無所知，綠島從來未曾被清國統治過！

## 4. 綠島藏金傳說的背景

　　1954 年間，報紙上，以及台東、綠島與蘭嶼等三地盛傳「蘭嶼藏金」的「傳說」。依據馬國樑（1954；71-76 頁）的報導，雖係指蘭嶼而非綠島藏金，但其敘述含混籠統，其故事如下。

　　蘭嶼原住民相傳，大約 3 百多年前，有艘荷蘭商船在蘭嶼觸礁遇難，原住民「肩矛持刀到海濱歡迎」，荷蘭人誤以為原住民不懷好意，於是「以少數黃金白銀」丟給原住民釋出善意，而贏得原住民歡心。

　　荷蘭人在漁人社附近登陸，先在濱海地帶住了 10 天，並將船上所有金銀埋藏該地，而後遷居山上，但不幸均被紅蟲、瘧疾所害，全數亡故，而迄今該批寶藏尚未出土。

　　蘭嶼藏金由此傳開。

　　日治時代，日本人曾聘請專家到蘭嶼及綠島實地考察，並曾經在綠島「朝日溫泉」附近大規模發掘，

1954 年馬國樑記者出版的《綠島・蘭嶼》小書，算是早期對藏金傳說較有系統交代的報導。

但獲得「一個皮箱的銅板」，繼續挖掘：「無如洞口漸深，仍一無所獲，最後不得不放棄……」

此後，藏金之說持續在台東、綠島、蘭嶼等地傳播。

據台東地方人士說，陳故縣長振宗在民國 40 年 5 月間出巡此兩島時曾說：他少年時在蘭嶼經商發覺雅美族山胞存有簡陋的金銀首飾，且彼等能以舌辨金銅。又傳台東縣政府山地室技士劉乾君於本 (43) 年春節因公前往蘭嶼……曾到所謂黃金穴去察看，週（周）圍被鑿兩洞，據說鑿者毫無所獲……

而 1954 年馬國樑在蘭嶼所見，原住民身上確實有飾金，但數量甚少。又，日治時代高雄、花蓮間的定期船班會輪靠蘭嶼每月一次，外來遊客以銀元丟入海中，讓原住民戴水鏡潛水拾獲，「此或即銀飾之由來」。（註：遊客丟擲錢幣入水，讓原住民潛水撿拾的行為，筆者於 2009 年 2 月 1 日，在印尼蘇門答臘的多巴湖（Toba）畔，目睹在地原住民瑪達族小孩要求遊客將錢幣丟入湖中讓其撿拾！陳玉峯，2010，191 頁）

馬國樑目睹蘭嶼原住民將銀元烘烤、錘打，製成手鐲等首飾。馬氏並引稻葉直通的《紅頭嶼》，書中敘述蘭嶼原民酷好蘭嶼島並無出產的金、銀，這類金屬殆為外來。

雅美族人聚集相當多量之銀幣時，即付於火中鎔化成塊，再打煉製成為身上的裝飾品及銀鎧……金比銀之價值在本島高昂……因為島民不易獲得，故極珍視，全

島只有一家保有稍長而薄之小片，彼等所能見者惟此，
其他則極為罕見。（稻葉直通）

　　馬氏另述 1953 年 6 月，蘭嶼謠傳發現金礦，傳到台灣
變成蘭嶼藏金量達 240 噸。而馬氏引地質調查報告宣稱：
「所謂蘭嶼藏金，全屬子虛。」（74-76 頁）

　　筆者由馬國樑的敘述，歸結下列數項：

　　1. 蘭嶼原住民酷好的金、銀全屬外來；蘭嶼原住民的
金飾極少；銀飾是由外來銀元等再製而成，數量稍多。

　　2. 傳說荷蘭商船藏存大批金銀財寶在蘭嶼或綠島，日
治時代日本人曾在綠島朝日溫泉地區開挖，但只挖到一皮箱
銅板等等，殆屬朝代更替後，「橫財妄想症候群」的慣例之
一。

　　3. 傳言指向藏金位置在蘭嶼或綠島的海岸地帶。

　　4. 1950 年代及之前，蘭嶼、綠島藏金的謠傳甚囂塵上，
而且，重組歷代傳說的多重想像。事實上遠在荷蘭治台時
代，荷蘭人曾經前往蘭嶼島尋覓金礦而未果，加以世人黃金
夢、草根隱性文化、朝代的快速更替、口傳訛誤、人性心理
等等，可能將之轉化為一切藏金傳言的濫觴？！以上，提供
綠島挖金熱的背景參考。

　　然而，必須註明者，馬氏的書並非嚴謹查證的撰述，也
肩負特定的政治任務，因而學術報告罕會引用，除非引用者
足以鑑定其真偽程度。在此引述，或以「傳說」類型援引，
且筆者自有拿捏分寸，例如其謂蘭嶼原住民相傳「大約 3 百

多年前，有艘荷蘭商船……」的情節，類似於同書 57 頁「美船遭難釀成血案」的模式：

> 民前 7 年 8 月間……一艘美國帆船 Banjamin Seall 號，從新加坡開往上海途中……漂流到蘭嶼，島民以極隆重之禮儀，執戈持矛，環立海岸恭迎……

而美國人誤以為島民企圖搶掠，於是雙方混戰云云，導致最後日本人前來蘭嶼屠殺原住民等。凡此，幾乎都是蘭嶼、綠島等海島故事的「起頭式」，都屬「老梗型」的模式套用，好似原住民幾百年來一而再「重犯老毛病」般，令人厭煩其欠缺說故事的創意，但的確是 1970 年代之前，外來政權有意、無意歧視台灣人及原住民的汙名化手法。

而 2015 年新版《綠島鄉誌》第七篇〈社會篇〉，由趙仁方、林登榮合撰的「傳說」，也收錄綠島三則「藏寶傳說」。

其第一則「大白沙藏寶傳說」的敘述內容及方式，乃閩南、台灣共通的「神話」，或床邊講述給小孩聽的故事；第二則「龜灣尾角仔藏寶傳說」，上半段是「神話」，下半段是 1950 年代的傳說類之一；第三則「流麻溝尾湖藏寶傳說」，則是 1990 年代迄今還在進行的「現在進行式」，挖金行為徹底是事實，不該歸為「傳說」類，而且並未「落幕」。因為即令起頭的受刑人已亡故，但實際挖金卻挖出「百多具」骨骸的主要當事人，人證、物證、萬善祠完全為事實，而且，此案牽涉綠島開拓史失落的環節，可能涉

及華人入據綠島之前，原住民集體屠殺原住民的事件（？），在歷史角度而言，甚為重要，絕對有必要從事該批骨骸的科學分析，確定其年代、人種、族群特徵、如何遇害等等，推演可能性的歷史情節，作為迄今撲朔迷離的綠島開拓史的佐證之一。

　　另一方面，綠島誠乃清國統治台灣 212 年期間，唯一最大的華人無政府主義（或反清復明）的隱性文化聚區，其與小琉球、泉州的華人流亡史，或與陳永華「詐死」，藉由宗教、幫會「反攻大陸」的歷史公案相關，此乃台灣史最神祕極具張力，極度隱晦的「未知世界」（李岳勳，1972；陳玉峯，2012a；b；2013）。

2008 年挖金挖出約百具人類骨骸上的千年古玻璃（琉璃環）。(2014.11.10)

2008 年挖金主事人謝印銓、李秋香伉儷，女
兒謝怡娟、女婿劉志良合影。(2014. 11. 16；水里)

　　再則，筆者對骨骸挖出人的口訪，理解、瞭解其對靈異
的虔敬，以及從挖金，到遭遇「比黃金還要好」的骨骸，在
心理面向的轉折，正是台灣傳統宗教「觀音法理」的「應
現」，誠乃台灣宗教哲學的素人例證之一，值得深深掘入台
灣人一貫的普世價值觀或倫理根源。

　　何況，其挖金歷程的峰迴路轉，人物性格的多元矛盾，
想像力的幻化豐富，故事情節的曲折浪漫，聖與俗的對立與
合一，夥同台灣宗教文化的深邃，人性奧妙的鋪陳，正是深

綠島 2008 年大挖金的協助人——統祥
飯店何富祥、林秀玉伉儷。（2014.11.9）

筆者正式訪調綠島挖金故事的起頭人
即蔡居福先生無心一提。（2014.11.7）

　　度台灣小說的最佳素材之一。筆者已將此案例，儘可能忠實
地和盤托出，加以宗教哲理的詮釋，提供小說、戲劇、史詩
創作的礦場，或可讓有心有識的有緣人，揮灑靈心慧命的珠
璣曠世創作也未可知！（請參看《綠島金夢》一書）

# ─環島一周的區域解說─

本章，從綠島西北的燈塔岬角開始，依順時鐘方向，環綠島海岸地帶一周，對若干景點或區塊作敘述，同時建立系列或套裝解說影像輯，大多已附在拙作《綠島海岸植被》一書。

## 1. 綠島燈塔及烏魚（油）窟

如同物質與反物質、能量與暗能量，目前還搞不清楚的宇宙奧祕，人世間往往充斥著矛盾、背反、時空弔詭或反差的諷刺，綠島燈塔曾由美國人創發，也由美國人炸毀。今之燈塔乃國人重建而來。

日治時代，1937 年 12 月 11 日凌晨，美國一艘豪華客輪「胡佛總統號」，在迷霧中，於公館鼻外海約 5 百公尺處觸礁（2014.9.1，口訪燈塔主任陳議星；觸礁地點綠島人存有多說，例如公館鼻西側、柴口外海等），12 日中午棄船，綠島民眾奮勇救難，人員悉數獲救，美國人基於感恩之心，以及維護海航安全的念頭，捐款集資，經由國際紅十字會轉手，交由日本人於 1938 年興建「火燒島燈台」，1939 年正式發光。塔高約 50 公尺，為黑白橫線漆塗的圓形水泥建築物，在地人則慣稱為

胡總統號郵輪全貌

| 船身全長 | ：六五三呎 | 載重量 | ：三一、○○○噸 |
| 時　速 | ：廿一海里 | 船身橫長 | ：八一呎 |

綠島燈塔的由來，源自台灣版「鐵達尼號」。1937 年 12 月 11 日，美國豪華郵輪「胡佛總統號」在綠島北海岸觸礁、棄船，綠島人奮勇搶救全船人。美國人感念、回贈建設燈塔。

「燈樓」。

　　太平洋戰爭末期，美國軍機大舉轟炸台灣各要塞，火燒島燈台也局部被炸毀。國府控台後，1948 年原地修復為今之 33.3 公尺塔高的純白色燈塔，並將原煤油發光改為電瓶發光（李玉芬，2000，56 頁；林登榮，2011，49 頁）。

　　有趣的是，李思根（1974，87 頁）誌為：

　　　　……1937 年 12 月 12 日夜間，有一 31,000 噸美國郵船胡佛總統號，載 12 個不同國籍旅客 500 餘名，因濃霧低迷在此觸礁沉沒，乘客全數罹難，後由美國人資

助建此塔以誌悼念。……

此說直是「差很大」！

而燈塔可以在多少公里範圍內見及？以 2014 年 9 月 1 日際夜為例，該日屬晴天，筆者在綠島燈塔旁，直可向南望見相隔 80 公里外，蘭嶼燈塔週期旋轉打出的燈光！

而綠島燈塔的資料記載，塔高 33.3 公尺、燈高 48.2 公尺、光程 25.7 浬（約 48 公里），但新建後，曾經一度射程達到 100 浬（約 185 公里）。2013 年 12 月 31 日，被公告為歷史建築的「綠島燈塔」。

附帶說明，台灣最早的燈塔是 1778 年，澎湖西嶼首建。又，全國燈塔的管理單位，2013 年由原財政部關稅總局，改隸屬於交通部航港局。

綠島燈塔座落於北緯 22°40'33"，東經 121°27'33"，也就是在綠島西北角的海崖頂臺地上。此一臺地日治時代暨之前謂之「鳥仔山」，因為 20 世紀上半葉之前，每年秋後，成群的「鵯仔」（棕耳鵯），自綠島各地飛來鳥仔山集結，黃昏時成群西飛出海，蔚為生物景觀一絕。當年在地人上山採集革葉冬青的樹皮，收集其樹汁，製成黏膠塗在竹竿梢，用以黏抓鵯仔。數十、百年後，棕耳鵯完全在地化為留鳥，不再遷徙出境矣（林登榮，2011，49 頁）！

燈塔北側，略偏東的下方，存有一個大潮池或潟湖，位於珊瑚礁群的向陸域內側，砂灘無植物帶的下方，耆老口述，早年曾有成群烏魚或隨大潮湧入，滯留池中，由是得名

「烏魚窟」，近年則不見烏魚，但有豆仔魚等進入洄游（林登榮，2011，50頁）；烏魚窟往下，低潮線下方，存有連接外海的大海溝名為「大堀」，是岸釣的重要漁場；而烏魚窟南側低潮線附近，散佈的火山岩名為「紫菜岩」，是入春後，中寮、南寮人採集紫菜的好地區。

　　而陳議星認為：「早期漁民慣於『巡海』，尤其在東北季風漲潮時，都會沿著海岸巡看，走到燈塔下看見這窟有魚，輒取網信手捕捉。從燈塔處下瞰，烏魚窟仿同鏡面般，窟水經太陽光照射，水溫升高，魚隻多浮上水面，人們易於看到游魚的水痕，且過往以烏魚的機率特高，此即地名之由來，事實上不只烏魚，每逢台灣暴雨洪峯或海水倒灌，沿海養殖漁業的魚隻沖失，有時會漂流到綠島附近，再經大潮潮水打上烏魚窟，退潮時魚隻受困其中。烏魚窟的名稱是全島人普遍認定者。」

　　「然而，1937年12月11日夜間，胡佛總統號客輪觸礁，12日凌晨，船長誤判，在觸礁那時，為求減輕船隻重量以求脫困，下令將船上貨物、燃油等傾倒海上。不料船體減重後上浮，卻遭東北季風打向更靠岸邊，因而二度擱淺或再度觸礁。傾倒海中大量的重油因而被覆海面，且不斷被拍打向岸，沾滿珊瑚礁岩，汙染全面砂灘。」

　　「我是1959年生，國小時（約1965-1971年間）公館以迄燈塔沿岸，到處尚可看到一片片、一塊塊重油凝結的混合物，潮間帶礁岩的坑坑洞洞更是貯積厚厚的重油膏，必須經過數十年以上才能風化掉。反正我國小、國中期間（1965-1974年間）行走海岸，不經意間，鞋子常常踩上烏油漬，而難以

綠島燈塔及其在烏魚窟上的倒影。(2014. 9. 2 早晨 6:04)

清除。」

「那段汙染的時段裡，烏魚窟遂密佈烏油，因而在地人戲稱為『烏油窟』（或汙油窟）……」

1948 年出生於柴口，今之「妙屋美食城」的男主人則敘述：「……以前美國一隻大船觸礁，烏油漫散開來，佈滿烏油窟。不幸的是，曾有綠島人不知道那是烏油，因為以前沒有這種經驗啊，結果一走進去就爬不起來了，淹死在烏油窟！……」（2014.9.1 夜口訪）

至於烏魚窟是否會被淤沙填合？綠島國小姚麗吉校長敘述：「東北季風期間，風浪打進烏魚窟，並將底部砂粒打清出來，夏天下雨則會流帶砂粒入窟，但颱風的暴風浪潮往往營造不確定因素，有時將中寮砂灘的砂粒推進烏魚窟，有時則反其道。一般而言，東北季風期之後，烏魚窟會被淘掉許多砂粒，從而池水加深。而水位高低但視漲、退潮而定……烏魚窟的海水與大海相通……」

據上資訊筆者推測，烏魚窟下方與大海連通，且底部可能相關於大海中的大海溝，較細小的砂粒可能有滲漏外海的現象。其水位高低、水池直徑、淤砂多寡等，但視漲退潮、暴風浪潮、砂源、極端天候等，複雜相關且呈動態平衡。依據現地觀察，筆者推估烏魚窟的池面直徑，大約 5、60 公尺；水深則或在 1-3 公尺間上下振盪？

又，前述 1937 年底觸礁的胡佛總統號被遭棄後，日本人河村只雄於 1939 年出版的《南方文化的探究》，在第二篇「高砂文化的探究」中，敘述他陪同台北帝大農政經濟教授奧田氏等人，於 1938 年 5 月 3 日搭乘「大球輪」，從沒

有碼頭設備的台東港出發，準備前往蘭嶼調查。途中，曾寄泊在綠島一夜，但並無登陸綠島。河村氏在大球輪上看見胡佛總統號，留下如此敘述：

> 因無需上陸，故碇泊時間仍在船中靜養。唯對坐礁於火燒島海上的美船胡佛號，則禁不住流一掬之淚。昔日的豪華輪船，今竟橫其殘骸於洋中，大球輪似對胡佛號表示弔意，在火燒島中靜泊一夜，翌 5 月 4 日拂曉再開向目的地紅頭嶼……（林熊祥編，1958；1984 再版，37 頁）

　　綠島燈塔如今成為觀光旅遊的地標之一，也是海、空出入綠島的顯著景觀。而燈塔往西南地區，在機場跑道的西側海岸，是綠島面積最廣闊的公墓地；就地形而言，綠島機場的飛機跑道，恰好將綠島西海岸最北端、最突出的陸地切割開來，在地人將這塊向西突出的海岸平原叫做「鼻頭」，1960 年代鄉公所將鼻頭的農耕地徵收，規劃為中寮及南寮的共同墳墓地，2006 年並建設納骨塔（林登榮，2011；59 頁）。

　　綠島燈塔東側的北海岸，距燈塔約 6 百公尺處即中寮港，再東行則為柴口；中寮、柴口今皆為潛水的好去處，也設有海洋漁業保育區，就景觀而言，中寮港兩側、柴口海岸的臨海珊瑚礁岩，開闊數大，晨昏景致別有韻味，也是觀賞貝類、珊瑚、龐大海生生物相的天地。

　　就植物、植被景觀而言，燈塔下方的東北坡向，尚存局部海崖植群，也就是以山豬枷、鵝鑾鼻蔓榕、細葉假黃鵪菜等為優勢的岩隙生植物及其社會，但就解說條件而論，地

白花馬鞍藤曾經在台南砂岸象徵鄭氏王朝反清的倫理情操；
無獨有偶，綠島尚存一片白花馬鞍藤。（2014. 9. 2）

形、地勢較不宜施行多人的解說；而海崖之下，林投、草海桐以降，銜接至漸進式臨海珊瑚礁岩上的水芫花灌叢，則可進行水芫花生態的解說。

烏魚窟以東，乃至中寮港（澳），以及到達柴口區等海岸地帶，正是綠島典型的砂灘植物帶社會。中寮港入口處附近的涼亭往海邊下走，貼地匍匐的天蓬草舅族群，多呈葉形很小的「生態型」，似乎正在演化為新種。

中寮港往柴口方向的砂灘上，除了天蓬草舅、早田氏爵床、蒭蕾草、馬鞍藤、匍匐剪刀股等等砂灘物種之外，存有幾大片的白花馬鞍藤較為奇特，值得大加解說。

白花馬鞍藤在明、清時代，曾經在台南倒風內海砂丘上大量存在，甚至形成王爺信仰神話故事的象徵植物，安定鄭氏王朝的寄寓，是「鎮山之寶」，依筆者對台灣傳統宗教哲學或禪門的瞭解，白花馬鞍藤相當於鄭成功的「倫理情操」，後被叛將施琅所滅（陳玉峯，2013），而白花馬鞍藤現今在台灣西南沿海已滅絕，只剩恆春半島東海岸風吹沙一帶，少量殘存。

筆者 2014 年 9 月 1-5 日的環綠島海岸一周的調查，白花馬鞍藤似乎僅分佈於北海岸，中寮到柴口之間。

## 胡佛總統號的故事

　　1930 年代中葉，美國總統輪船公司打造了 2 艘當時全球最豪華的郵輪「柯立芝總統號」及「胡佛總統號」，後者吃水載重 3 萬 1 千噸，1934 年出廠。

　　世人只知「鐵達尼號」，卻不知台灣版鐵達尼號發生在綠島，綠島一向是台灣最詭異、靈異的外島，連美國超級郵輪也逃不過它的魔幻！昭和 12 年 12 月 12 日 12 時，搭載 12 個不同國籍乘客及船員的胡佛總統號，在綠島公館鼻外海宣佈棄船，當時該船出廠僅 3 年！

　　1937 年 12 月，胡佛號在 65 歲美國人老船長喬治‧雅朵里（G.Yadole）的指揮下，由日本開往馬尼拉。它先在基隆港停泊，然後取道台灣東部外海南航。12 月 11 日夜間，東北季風挾帶雨水籠罩台東外海，在海上形成大霧，加上黑潮湍急，擾亂行船，胡佛號迷失方向。

　　船上掌舵人員在大霧中，隱約見及台東縣成功漁港的「新港燈塔」所發出的微弱燈光，誤判為鵝鑾鼻燈塔（註：有可能黑潮北上的流速，抵銷該船南下的航速，以致於他們誤以為已經南下到台灣尾端），於是，悲劇就釀造了。

　　當時該輪以每小時 18 海浬（33.3 公里）前行，等到他們發現誤判燈塔之後，胡佛號已經開抵綠島公館鼻外

綠島北海岸中段最突出海上者即公館鼻，筆者認為海面下的岩塊必然向外更加延展，胡佛總統號可能即誤觸公館鼻在海中的火山岩塊。（2014.9.2）

海，且已觸礁！（註：子午線上緯度 1 分的長度叫 1 海浬，即航船之 1 節）

　　為了安定乘客心理，船長下令隱瞞事實，當夜還參加一個盛大的舞會，以及電影欣賞會，並且強作鎮定、分別致辭，乘客們還痛快地玩了個通宵。

　　船長在觸礁後首先發出 SOS 呼救電報，然後下達更錯誤的指令，他低估了綠島海域大浪的威力。他下令將滿倉存油、大批貨物罐頭等放入海上，試圖減輕載重，好讓船身浮起，且藉漲潮駛離礁岩。

　　不料龐大烏油等傾倒海上後，船身是浮起來了，卻被大浪打向更靠近綠島海岸，並發生二度嚴重觸礁！這時，紙包不住火了，全船人都知道不幸了。而大量海上烏油在此後一段時日內，不斷沾黏上岸，嚴重汙染綠島北海岸，且禍延 3、40 年！

　　於是呼救、照明彈打得通天明亮之際，農漁業時代且上空的綠島人耳聞、目睹公館海域砲聲隆隆、火光耀耀，以當時國際處境，誤以為是中國軍或盟軍要登陸綠島，且迅速謠傳開來，而 12 月 12 日早上才清楚是郵輪觸礁。

　　由於呼救頻傳，且綠島日本駐軍 12 月 11 日深夜發出發現企圖不明的美國巨輪訊息，因而由高雄港駛來 3 艘日本戰艦於 12 日抵達，不久，由菲律賓海域前來的 2 艘美軍驅逐艦也在海上對峙，雙方小心翼翼戰備伺候。

　　另一方面，由基隆趕來救援的「鳳山號」則帶來大批糧食等物品。而日本當局也派遣台東的警察前來支援。

　　綠島方面，當時 45 歲，任職於火燒島役場（相當於今之鄉公所）的在地人劉鼎坤，夥同日本統治者，指揮綠島幾十艘

舢舨漁船，展開接駁營救上岸，將 437 名乘客及船員 312 人等，安置在火燒島公學校（今綠島國小前身），以及各民宅。劉鼎坤家也充當臨時救難指揮所。據說，在風大浪大的艱困中，綠島人發揮無比的勇氣與海上功夫，克盡全力，人員無一傷亡地成功救難，傍晚之前全員登岸。

12 月 13 日，雅朵里船長、日本技師及官員、美國軍方人士等會商，胡佛總統號留下必要人員看守棄船，其他人員由美國郵輪麥肯騎號（Mackenji）接送往馬尼拉。看守船員滯留綠島約達 3 個月之久。

12 月 14 日，7 百多位乘客及船員離開綠島。

而棄船經由船公司各種專家到綠島救援無效後，1938 年 2 月，拆下主機運回美國，船體以美金 50 萬元賣給日本北川打撈株式會社（公司），據說在美、日兩地討價、還價了 3 個星期才成交，而北川公司花了 3 年時程，才將全船解體，運走可回收運用的物質，但船底則隱沒公館海域沉底。估計北川賣得 200 萬美金以上收入。

此一重大的國際事件、生態汙染的浩劫，在日本台灣總督府刻意、低調處理下，似乎在當時，乃至往後長年中無疾而終。事實上它對綠島海域及海岸的負面影響必然重大，它不僅在烏油窟溺死綠島人，甚至於讓中寮一位陳姓人士，因撿拾、私藏船上拋棄的物品，被日警抓陷入獄，最後客死於宜蘭監獄。

胡佛總統號船身長度約 199 公尺、寬約 25 公尺，甲板有 5 層，全船除了機組、油槽等，主功用的客艙、貨艙、餐廳、舞廳、游泳池、電影院、球場、彈子房、健身房等等琳

琅滿目，相當於海上五星級大旅館。遇難時，拋棄的貨物龐
多，燃油數量更是驚人，日本警察竟然強制綠島人將打撈的
物品全數交出、焚燬，固然有其理由，但對綠島人不僅不近
情理，直是另類迫害。綠島不僅承受無妄之災，還得忍受
40 年的油汙為害！

　　綠島人傾全力救助船難，全船乘客感激之餘，贈送大量
日常用品給島民，並集資四千日幣饋贈，記者馬國樑（1954）
於船難的 17 年後到綠島，看見綠島人家中保有精緻的餐具，

馬國樑（1954）書中
所附「綠島燈塔
全景」圖。

如刀、叉、碗、盤等，其上都鑲印有「Hoover」字樣，他並記載胡佛輪曾遺棄大量橡皮板，綠島人打撈後，製成系列鏢魚彈弓，功效極大，漁獲大增，但2年後橡皮板用罄，各地求購都不可得。

　　過往但為農、漁業孤島的綠島人，除了將自然在地物質竭盡最大利用之外，更善於發揮外來物質的創意用法，這面向的腦力特別發達，蓋窮變的天擇壓力使然？！

　　胡佛號遇難，綠島人善待之，責成美國人捐贈綠島燈塔；太平洋戰爭末期，美國又炸毀燈塔。世間從來都是荒謬的成、住、壞、空？！

（資料來源：馬國樑，1954，《綠島‧蘭嶼》及日治時代《台灣日日新報》。）

## 🌿 2. 公館鼻與公館

　　由生態角度觀察與研判，左右綠島生界的兩大環境因素即黑潮與東北季風。而綠島平面地圖外觀，略成梯形的海岸，由綠島燈塔（鼻頭角）至牛頭山，不到5公里的北海岸，大致呈東西直線走向。此一北海岸，恰好是黑潮由南向北流的背流面，以致於許多隨黑潮由南往北漂的物品，常隨流體亂流、漩渦等，滯留於北海岸，特別是冬季東北季風盛行的時節，這也是古往今來，許多迷航、故障的船隻，甚或海豚、魚族擱淺，或被浪拍打上北海岸的原因。

　　約在北海岸的中點附近，古老火山岩漿或滯黏有較大量。可以想像，還在火山爆發的時期，今之所謂公館鼻，正是岩漿流出成隆脊的部位。綠島冒出海平面或上上下下、浮

**觀音**（媽祖）**岩渾然舞動太極。**（2014.6.22）

浮沉沉的特定長時期中，東北季風浪頭漸次侵蝕下，今之公館船澳附近，殆為最受破壞的部位。而公館鼻隆起的火山岩頑強屹立，但公館鼻與陸域之間，必然曾經存在過「風隙作用」的強烈侵蝕時期，因而公館鼻形同陸連島一般。

就在「人權紀念園區（或博物館）」對面的海邊，很可能過往另外聳立著一條海底火山岩漿的小脊稜，出海後，經東北季風海浪侵蝕，經由海蝕洞，乃至由海浪沖消到剩下 4 塊「海蝕柱」，也就是今之所謂三峯岩及觀音媽祖岩（一般稱為將軍岩）。我認為公館鼻在往後海進時期，有機會也將被風浪雕琢成為數根海蝕柱。

公館鼻海崖頂巉岩。（2014.9.2）

## 公館鼻

　　地名使用「鼻」，指的是如人臉部最突出的外貌，通常以海岬突出景點為對象。「公館鼻」意即公館地區最突出的海岬岩塊或小丘，其地名大致在 19 世紀形成。依據口訪，1950 年代之前，公館鼻小丘上密佈林投灌叢，每逢林投聚合果成熟時，大量椰子蟹（又名八卦、山霸；學名為 *Birgus latro* L.，也就是林奈於 1766 年的正式發表）於夜間爬上林投樹吃食。

　　後來，我推測可能發生火燒或人為砍伐，公館鼻的林投社會消失，繼之以山羊等野放的啃食，因而超過一甲子歲月

以來，公館鼻小丘頂始終維持在低草生地的植被，而如馬鞍藤等海邊砂灘物種，竟然得以攀爬至丘頂。至於海崖石壁隙的岩生環境，著生有榕樹、山豬枷等典型海崖物種。

　　公館鼻的原生林投灌叢，或代表東北季風強勁下的「風成社會」（陳玉峯，1985）的最小社會面積，也就是在公館鼻的立地位置及海拔高度的條件下，東北季風成為最重要的限制因子，其所能發展的最穩定植群就是「林投灌叢」。

**由公館鼻岬角西望北海岸西段，以及隔海的台東海岸山脈。**（2014.9.2）

公館鼻正是綠島北海岸中段最突出海中，也是約 5 公里海岸線上最北先端的岬角。雖然一般遊客，甚至在地人也很少登臨公館鼻頂，而且，登此小丘頂也只有羊隻走出來的不明顯路跡，但公館鼻頂正是眺望綠島北海岸適中的景觀點。立此岬角西望，近處略突向海中的海岸，以及遠處燈塔之間，向內凹縮的海岸（看不見）即柴口，以及更西向的中寮港澳。

公館鼻頂向東眺望，牛頭山東北角海崖，以及牛背平緩長帶的海階臺地，是最顯著的地景。依據人的視覺慣性，最容易往站立岬角點與牛頭山之間向右（南）內凹的海岸，特別是狀似介於立處及牛頭山之間的「中點」那 3、4 粒（堆），突出於海中及海岸的「三峯岩及觀音岩（將軍岩）」眺望。事實上，公館鼻與三峯岩的直線距離只約 500 公尺，卻距離牛鼻岬角約 1,850 公尺，

由公館鼻岬角東望北海岸東段，以及左上角海中的青魚嶼。
（2014.9.2）

**公館鼻夕照。**（2014.6.22）

這是遠近判斷的「錯覺」之所致。

　　近右側者，即公館船澳。20 世紀中葉暨之前，這個小船澳並沒設護堤及港泊等設施，卻是北海岸東段，唯一出海捕魚（以丁香魚釣鰹魚）的小船集合點。當時的小帆船沒有機械動力，靠人力及風力運作。一艘小船坐上 15、16 人，居福伯說：「還沒捕魚，坐上 16 人就快沉下去了啊！還要放貨倉、放丁香魚，那時真的很辛苦。沒電燈的凌晨 2、3 點出發，中午是帶飯在海上吃的……那時的『鰹竿釣』因為船隻多，凌晨出海算是先去佔位置，天亮再抓丁香，然後釣鰹魚。釣到下午 4、5 點回來，通常釣個 2、3 百斤，每人最多分得 2、3 百塊錢，或百來元，大家都這樣討生活啊！」

　　從公館船澳往左（向東），即人權紀念公園，其向海側，矗立著觀音岩（將軍岩）及三峯岩；其更左（遠）的建物等，正是綠島人文景觀最幽隱的神祕區，也就是政治犯（新生等），自 1950 年代，台灣專制霸權凌虐人權的禁地。

從上下瞰公館聚落及公館鼻火山岩塊。(2014.11.8)

　　在公館鼻頂俯瞰這一 20 世紀不堪回首的全景，別是一番滋味在心頭。

　　公館鼻頂是筆者許為「私房景點區」，特別是早上觀賞北海岸東段，以及海上的銀鱗波光，蕩漾萬千，允稱一絕；傍晚，則下瞰潮池夕照、燈塔閃光，以及遠處台灣海岸山脈的海天勝景。

　　公館鼻是綠島北海岸的殊勝點，這裡，影響綠島生界最重大的環境因子：黑潮及東北季風，後者壓倒前者；這裡，以迄牛頭山岬角的陸海域，過往是綠島人的禁忌地，包括第

十三中隊的怨魂，以及最神祕的，約百具原住民被集體屠殺、藏屍的「烏石腳」石洞，卻幻化出 52 塊 35 公斤重的黃金故事，2008 年底由民間挖掘出一間「大眾爺」小祠的誕生（請參閱拙作《綠島金夢》），然而，我拿一小塊骨骸化驗，碳 14 的鑑定卻標示 1,030 年，我想解開綠島開拓史謎，卻引出更加撲朔離奇的千年之謎！

## 公館

儘管有限的史料指稱，最早華人入據綠島是 18 世紀末，由小琉球移民抵達公館登陸，並先建造一間共同家屋居住，因而遺留下公館地名的由來。然而，最早的聚落，究竟在中寮或今之公館，只不過是後人的推測而已。

如果早期移民真的如史料的敘述，是在 5 月期間遭颱風劫難，再經黑潮漂流而登陸北海岸是「事實」，則我想進行實驗，譬如說，打造 20 艘 18 世紀末泉州人的帆船，在西海岸放流，看它們在颱風來襲時的自然漂流，檢視各船擱淺處的地點作統計。不過，以台灣現今研究的風氣，這些只是夢囈。

北海岸最可能漂流擱淺處殆有兩地，一是中寮船澳，另一是公館船澳，這是就地形的推測，但得視季節天候，而有種種機率的可能性。

無論如何，目前為止，所有文獻、撰述提及的華人開拓史，只是少數人、有限資料的推演或想像，只能視為「有此一說」。

現今要登上公館鼻，可以由公館公墓區靠近海堤邊直

上。而由公館鼻向西下瞰的海堤有兩道。

　　之所以闢建海堤，姚麗吉校長的說法是：1960 年代末葉，一次大颱風的海浪，拍打到現今的公路地段，花生田、鹿寮全被席捲，半夜人們也逃往山區。當時，生活、生計的空間配置，大抵是在現今海堤部位前後種植花生等作物；往內陸，則種植林投作為擋風牆；林投護帶之後，設鹿寮養梅花鹿；再往後則為住家。

　　海堤外側，公館鼻西側，近海的珊瑚礁岩，礁岩上存有「水芫花社會」；礁岩下段見有「安旱草社會」，兩者常有混合。礁岩內側的粗砂礫地，存在著「海埔姜—馬鞍藤社會」。海堤上或其內側的荒地則為「雙花蟛蜞菊蔓性假社會」。之後，即進入公墓區。公墓地如果放任發展，必將形成「稜果榕次生林」。

　　墳墓區一帶過往有許多濱當歸，每年 3、4 月時植株顯著，墳墓上也盛產，但它的乳汁有毒性，孩童幼嫩的皮膚很容易被「灼傷」，一旦沾黏其汁液，刺痛之後，皮膚緩慢變黑色，最後脫皮。綠島人叫濱當歸為山芹菜。

## 公館灣一帶的原始林

　　上述是 2014 年調查的植被簡介，原始時代或 19 世紀之前如何？

　　我認為公館灣一帶的原始狀態如下：

　　沿海珊瑚礁上，第一植物帶是密密麻麻的水芫花及安旱草的社會，接著，有一窄帶的粗砂礫無植物帶，然後，出現砂礫地的海埔姜及馬鞍藤社會，再挺高為林投、白水木、黃

槿的海岸灌叢（相當於前述鹿寮區），隨後，即進入海岸林，也就是今之公路上、下的聚落、房舍區。

由於北海岸，特別是公館灣、中寮灣或柴口灣一帶，乃黑潮北上的背潮區，容易形成迴流漂浮物的擱淺部位，因而海飄植物的繁殖體相對容易登陸。

有可能公館地區最大宗的海岸林是「欖仁社會」，但它存在的空間區位，當在現今公路向山區的段落。1960 年代之前的公館村小孩，都會撿拾欖仁的果實吃食。姚校長說：「果皮有厚薄之分，厚皮飽滿，且兩條側線呈現泛紅絲，比較好吃；如果薄扁的，且側線尚未內縮的，就不好吃。如果咀嚼時，纖維中帶有紅絲的，就較甜。而裡面的種子吃起來像花生（註：除了果皮厚薄之外，好不好吃與成熟度有關）……」

欖仁海岸林之後，海崖崩積土地上，可能存有菲島福木社會，以及毛柿社會，且散生有台東漆。

欖仁海岸林之前，也就是現今公路朝向海岸的海岸林，我認為應該存有棋盤腳及蓮葉桐的森林社會（典型海岸林型之一）。

姚校長受訪說：「棋盤腳都長在海岸邊。綠島人對棋盤腳雖不像蘭嶼人稱之為『魔鬼樹』那般討厭它（註：不是用『討厭』一詞所能代表。筆者在 1970 年代末葉調查蘭嶼時，在棋盤腳樹下，看見死者的頭蓋骨，因當地原住民採浮葬，棋盤腳樹下常成為置放死者屍首處，因忌諱故，稱之為魔鬼樹），但也不喜歡，因為沒什麼用處，也不能當柴火燒，燒的時候只會冒煙，火溫也低……因此，綠島人看到棋盤腳苗木、小樹，通常將之剷除掉。後來，可能是進入觀光時期之後，或因看過墾丁介紹的棋盤腳開花豔麗，民

間或官方才又陸續栽種它……」

　　如今，公館地區只零星看見一、二株棋盤腳，例如蔡居福先生的菜園旁。而該地在蓋民宿之際，也挖除了若干棋盤腳。

## 人權園區——綠島文化特色

　　綠島之所以被稱為「惡魔島」，起因於政治犯、管訓隊等監獄文化，也就是國府統治台灣之後，戒嚴 38 年時期的體制暴力，以極度惡劣的種種迫害，支配台灣社會的集中營所在地。這個惡地，也是日治時代，1911-1919 年期間，設置「火燒島浮浪者收容所」之所在。

　　兩大外來政權同樣在公館東側，綠島東北海岸地區，禁錮、軍管台灣人民的歷史夢魘，形成了綠島人文史蹟的特徵。

　　第一階段關於政治迫害案，即 1951-1965 年的「新生之家」；第二階段是 1972-1987 年的「綠洲山莊」。另則 1967 至 1987 年的流氓管訓，即「自強營區」等，並非政治犯，但都在公館灣至牛頭山之間的區段。

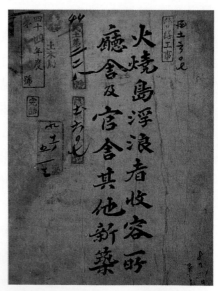

日本人於 1911-1919 年，在鱸鰻溝畔設立監獄，是即所謂的「火燒島浮浪者收容所」。此文件即當初施工時的文書。

　　而 1971 年迄今的「綠島司法監獄」係「收容頑劣受刑人」，不在此區，而是位於中寮的崇德新村。該監獄門口還設置犯人人型看板，頭部挖個洞，讓遊客擺臉「拍照留念」！

　　「綠島人權文化園區」的展示與解說資料、圖書、模型、人員解說等，質量豐富多樣，遊客逕自接受導覽、觀看即可，無庸在此贅述。另，拙作《綠島金夢》亦有簡介及另類敘述。

　　我想談的是，人權文化園區外的那幾塊海蝕岩柱。這幾塊岩柱下方的砂礫是「貝殼砂」，也就是由石珊瑚、許多種類的貝殼等，在海浪長年的撲擊、研磨後，形成的粗或細石礫所組成。因為流體力學的自然現象，通常只在海灣處，因失卻大部分的海浪動力，所以可以淤積成砂灘。而綠島沿岸，由於海浪相對較大，細小的「沙粒」無法留存，只留下相對重且大的「砂粒」，也就是說，相較於墾丁砂島或其他海灣的貝殼砂，綠島的貝殼砂較為粗大。

　　除了雪白色調為主的砂灘以外，海蝕柱下方，破碎而堅硬且不規則的大量火山岩塊允稱特色，也就是佈滿黝黑的黑石塊，還間雜少量的珊瑚礁碎片。

　　這些石塊是大浪拍打海蝕柱掉落下來的，礁岩塊則是巨浪打上岸的，混合在此海岸地帶，構成特殊的小地景。

　　所謂三峯岩、將軍岩，是軍營、觀光期的產物。蔡居福敘述：「那些都是後來黑白取名的啦！將軍岩也叫望夫臺，我們原本稱為石霧腳，因為大海浪拍打過來，衝撞到這些大岩塊，浪花就散成海霧啊！還有，綠洲山莊前那大塊有石洞，像象鼻的岩石，關了政治犯以後，被叫做鬼門關，因為

左側石塊即「綠洲山莊」刻字岩，右側小山洞過往叫
牛洞、雞洞；關政治犯時代叫「鬼門關」，因乃犯人
被關進圖圖的必經之路；今稱象鼻洞。（2014.9.2）

以前那是海邊小路必經的小山洞，我們叫做牛洞、雞洞，因為天氣太熱，大太陽時，牛隻、動物都喜歡躲在洞下避暑。」

又，今之人權園區的海岸礁岩、火山岩塊等，1950年代以降，屢受受刑人奉命打石營建，而大肆改變地形，從「綠洲山莊」至鱸鰻溝，乃至烏石腳等地皆屬之。也就是說，北海岸原本的礁岩，至少一半以上，比現今高出許多，是被人工打石、整平為現狀，而如第十三中隊前的火山岩塊，甚至被怪手、炸藥等開挖過。

開發北海岸的礁岩、火山岩塊，目的當然是營建；早期的政治犯也幫忙拓建現今的環島公路。1960年代末期開始的「流氓管訓」，則是挖石來建構關閉自己的牢房。政治犯與司法犯在各面向存有很大的不同，綠島人對政治犯或所謂的「新生」，感念有加。「新生」在綠島的那15年（1951-1965），事實上改造了諸多綠島文化，他們不僅帶給隔離文明一、二百年的綠島，物質、工具及技術改進，他們的職業包括醫生、教授、藝術家、舞蹈家、文人……三教九流、士農工商，幾乎是台灣社會的縮影；他們只有一個共同點，被暴政視為可能危害其霸權，不管他們是否是被陷害，因為來自中國敗軍的政策是「寧可錯殺一百，不可放過一人」！

新生提升了綠島文化的水平，甚至後來也有人與綠島人婚配。綠島燈塔陳主任特別強調（2014.9.1訪談）：綠島最大特徵為監獄文化，由於政治犯為綠島小孩補習等接觸，造就：「台東的小學校長，綠島人在鄉鎮人口的比例上，可能最高。粗估，歷來國小校長，10位就有1位是綠島人。」

這是個心酸有趣的角度。

國府到台灣，經由 2・28、白色恐怖，屠殺、迫害、監禁、摧殘 1950-1970 年代的社會菁英，部分受難者卻只在不到 15 年內，透過為小孩補習等零星、體制外的教育，提升了綠島的文化水平。台灣在日治時代，整體社會水準高出中國 3、50 年，中國殘軍一到台灣，立即大肆鎮壓，消除台灣菁英，迫令台灣社會文化倒退半世紀，直到今天，另一波更恐怖的價值改造、「兩岸」文化水平拉近化的政策，從 2008 以迄 2016 年徹底展開！

歷史不會重蹈覆轍？綠島永遠不會再出現「政治犯」？沒人說得準。不是我對人性沒信心，而是我亦深知普世人性關於邪惡或脆弱的一面！不到 4 百年來，台灣已經換了 6 個政權，每當鼎革之後，總是伴隨著屠殺與政治迫害，而且，最是殘酷且難堪的，外來統治霸權始終操弄「以台治台」、「以台制台」的手腕，而人性的黑暗或懦弱面，總叫一些台灣人搬弄著台灣反台灣，而亡台在台。我在所謂的學術圈，遇見了不少表面台派，骨子裡徹底是唯私利是圖的「惡鬼格」，都是現世「很有名」的「學者、專家」，「一時風駛一時帆」，這些人只要看到時勢在變了，又會立即轉向，也就是「西瓜隈大邊」！然而，這些只是小小咖，卻不斷地腐蝕台灣的根基。反之，我在台大念書時，被迫害者例如農化系張則周教授，他講了一些很恐怖的故事給我聽，迄今印象深刻。而綠島政治犯上演的劇碼複雜多樣，遊客得自行去閱讀、瞭解。

1950、60 年代，綠島的政治犯（新生）與綠島人接觸時，

由第十三中隊海邊看觀音岩、
三峯岩，以及右側的公館鼻。
（2014.9.2）

被禁止透露自己的姓名，綠島人只知道他的代號（編號）。

　　我認為綠島文化兩極對立、反差劇烈。從歷史省思，綠島原本是反清的無政府主義，1895 年之後淪為日治，1949年以降，也被徹底的國府化，恰好大相逕庭於其先人，根本關鍵之一，「綠島是全國唯一的，幾乎家家戶戶都有公務人員的地區，因為政府機關林立，例如監獄、學校、中科院、農會、安養中心、鄉公所……，提供大量就業的機會……」（燈塔陳主任語，2014.9.1）使然？！

　　無論如何，公館乃至向東至牛頭山海岬下的這一段落或區域，誠乃綠島政治或文化史上的中樞，解說的重點，或應擺在綠島開拓史、政治或監獄文化及其相關。

# 3. 鱸鰻溝到燕子洞（兼談綠島公園）

　　綠島今之地名史，如同綠島的河流一樣短促，大抵都是泉州人墾殖綠島的一、二百年間所產生，也有地名肇自觀光時期以降才形成。

　　綠島平面面積僅只 15 平方公里餘，河流自是非常短小，來自福建的泉州人稱河、叫江、謂溪都不是，最後全島所有的河系只配叫做「溝」，因為年度週期中，總有長長的時段，根本看不到水流。

　　綠島最長的一條河川就叫做鱸鰻溝，它的主河谷長度2.75 公里，它的集水區系也是全島最大，但面積只有 1.95平方公里。而全綠島約有 15 條「溝」，除了鱸鰻溝最長以外，主河谷超過 2 公里的，只有南寮溝及中寮溝；全島有三

分之一的溝，其集水區域小於 0.5 平方公里（李思根，1974）。

　　有自然溪流通常就有魚蝦水族，而水域生態系位於食物鏈、食物塔較上層的，就是吃魚蝦的鱸鰻。事實上，過往綠島 15 條溝當中，大半都有鱸鰻。合理的推論，鱸鰻溝的鱸鰻數量較多，因而得名。

　　然而，究竟此溝之名是綠島華人原有，還是 1911–1919 年間，日本台灣總督府在鱸鰻溝西側設立「火燒島浮浪者收容所」，用來恫嚇台灣人之後，這條溪溝才被綠島人稱為「流氓溝」，或者是兩者重疊，吻合同音、同義呢？

　　從文獻、文字來看，日治時代多記載為「呂麻蛟（鮫）」，毫無疑問是出自閩南語「鱸鰻溝」，或說日治之前可能即已存在的溪溝名，只不過恰好日本人又在此溪溝旁側，設立監禁所謂的「浮浪者」（即台語ㄆㄨ／ㄌㄤ∨ㄍㄨㄥ丶，包括台灣人所稱的流氓、羅漢腳或遊民，也就是日本統治者認為有妨礙治安的潛在性或實際已發生的「惡人」等等），浮浪者包括魚肉鄉民的流氓，而台灣人將流氓視同魚肉魚蝦的水中捕食者的鱸鰻，在台語而言，流氓、鱸鰻同音同義！

　　也就是說，無論後來怎樣使用不同文字稱呼，鱸鰻溝應該都是其始源。後來的用字，例如日本人的「呂麻蛟」、政治犯與軍方的「流漫溝」、國府治台後研究者所書寫的「流鰻溝（徐鳳翰，1967）」、李思根（1974）的「流麻溝」等，或報導的「流鰻溪」（馬國樑，1954）皆然。

　　談鱸鰻溝，通常會介紹蔡居福先生的祖先，最早自小琉球拓殖於該溪溝的東側，建了單一蔡姓的聚落。1946 年生的蔡居福（居福伯仔；參看《綠島金夢》32、33、38-70 頁）敘述他

的父、祖輩住在那裡，共有 12 戶，全部姓蔡。1951 年，家
園、祖墳地全數被 KMT 徵收，作為政治犯的監禁地；1967
第二次又被「職訓總隊」（監禁惡性重大的流氓）徵收，因而
蔡家完全離開鱸鰻溝地區。其二，鱸鰻溝是綠島監禁政治犯
時代的水源地，並闢為觀光勝地的「綠島公園」。後來，
1996 年將之闢建為綠島，也是全台東縣唯一的一座水庫，
名為「酬勤水庫」，1997 年落成，而政治犯時代的公園
設施，完全為水庫淹沒或闢為水庫壩堤等建築。

居福伯仔明確指出「鱸鰻溝」地名（溪名）的由來，確
實是溪溝中特別的「赤水鰻」而得名，並非坊間所謂監禁流
氓而來。而有一綠島耆老，則堅持是「流氓犯人」！

該耆老說：「是有鱸鰻，但沒那麼多，綠島許多排水溝
都有鱸鰻啊！鱸鰻溝主要是跟犯人有關。他們將溪溝前後圍
起來，像個大水窟，傍晚可以看見一大堆新生在那裡洗澡，

水庫下排注海，即昔日的鱸鰻溝。(2014. 11. 9)

浸泡在水庫水體中的，包括昔日的「綠島公園」。（2014.11.9）

水庫壩體的維修階梯。（2014.11.9）

流氓、鱸鰻就是這樣來的，跟魚無關，而是隱喻犯人。」

　　我問：「但那些政治犯（新生）又不是流氓？！」

　　答：「政治犯不是流氓，但是脫光衣褲在那邊洗澡，一條條就像是鱸鰻，名稱就是這樣流傳下來的。」

　　另一位陳姓耆老說：「日人統治時代，鱸鰻溝裡是有很多鱸鰻，加上老蔣時代抓了一堆政治犯關在那裡，那時期我

們不懂，誤以為政治犯就是流氓，大家都說經過那個地方要小心，流氓會跑出來打人！流氓、鱸鰻，就變成鱸鰻溝了！」

「你看過老蔣來綠島嗎？」我問。（註：蔣介石於 1968 年 7 月，前往綠島一次）

「有，民國 50 幾年吧，我那時讀國小三年級，我們有去歡迎他，規定鼓掌時，雙手不得舉太高，怕你拿槍打他，就像現在的北韓一樣！鱸鰻溝，一開始是關思想政治犯，後來是一清專案管訓，老蔣死的時候是治平專案，關在自強山莊……」

事實上老輩綠島人不靠文字，一向是口耳相傳，加上自行認定，以致版本歧異、莫衷一是。

## 綠島公園與酬勤水庫

1949 年，KMT 大敗於共產黨，國府撤退來台，而金門

公路盡頭，前往第十三中隊、烏石腳及燕子洞的小路入口附近，有間 1985 年官方設立的小寺廟「慈航宮」。（2014.11.10）

慈航宮向內陸側尚存一「新生訓導處碉堡」，碉堡曾經是衛兵看管政治受難者的
監控站，也當過停屍間，更被用來囚整「不聽話」的受難者。(2014. 11. 10)

古寧頭大戰，遏止了共黨跨海入侵台灣。古寧頭戰爭中，國
府抓了一批共匪俘虜，把他們送到綠島「思想改造」，綠島
就成立了「新生訓導總隊」。

　　隔年，國府在台灣以「肅清匪諜」為名，大肆逮捕任何
稍有政治不正確性的台灣菁英或任何外省人，包括 1947 年
2‧28 事件的嫌疑犯。1950 年 4 月 1 日，「新生訓導總隊」
改名為「新生訓導處」，準備接管政治犯。

　　1951 年 5 月 17 日，來自基隆港近千人的第一批政治犯
被運至綠島，開啟了 15 年的放逐與勞改的生活。

　　蔡居福老家的沙仔園聚落（位於今之四維峰下西側），1951
年被「新生訓導處」徵收，自此，鱸鰻溝中、下游土地即變
成國有。

　　然而，1911-1919 年的日本政府，以及軍管綠島的國府，為何一開始就選定鱸鰻溝地區？當然是水源及腹地的生態承載量的考量。

　　政治犯生活在這裡的將近 3 年後，1954 年 4 月，官派記者馬國樑來到綠島「新生訓導處」做報導，要「解除其神祕外衣」。他所描寫的鱸鰻溝擇錄如下：

　　　　我們大伙隨著唐將軍信步走出圍牆，前面是一個五十碼長方形的游泳池，再上是洗衣池，池水清澈可鑑，有十幾位新生弟兄正在入浴……

　　　　這裡各種水池是利用流鰻溝的溪水，沿途築了十五個埧蓄水，才有今日暢流不絕的現象，這些水利工程都是官生的克難結果，不但解決了官生的食用問題，並灌溉新生開墾的農田和菜圃，逐步實現了自給自足的計畫。

　　　　我們一行參觀了菜圃牧場，便循流鰻溪而上，暢遊綠島公園。沿路山道崎嶇、涉水登山，最後到達水源地，那裡有亭台，有飛瀑，景物清晰，風光綺麗，由水源地折返新生之家，時間已近黃昏。

　　顯然，1954 年即已形成「綠島公園」，並開築了 15 個蓄水池，但亭臺似乎只有一個。再隔 13 年後，徐鳳翰 (1967) 的敘述：

……流鰻溝入口的 200 公尺處，陡壁聳立，中刻「阿眉山峽」巨字，蒼勁有力。據說，這就是當年漢人與阿眉族爭奪的古戰場，阿眉族敗北後，於此乘船下海逃遁。這四個二尺見方的大字，鑴刻在斷壁上，是戰勝者在當時留下的慶功誌，迄猶歷歷可鑒。（註：大有問題！）

　　綠島公園是利用自阿眉山流下的山澗，這種天然的美景，是再加琢磨修築而成的。從山巔到流鰻溝的海口，這條山澗蜿蜒曲折，寬窄深淺，時有變幻，即一樹一草亦各迥異，加之溪水銀流，常年不絕。10 年前，新生訓導處為儲備水源、增加課餘閒散處之兩大目的，即在此大加整修，增值（植）奇花異木，構築三亭四台，始正名為「綠島公園」。游（遊）園時第一站，為「望海亭」，該亭修在半陡坡上，登亭矚望，太平洋中浪濤滾騰，宛若千軍萬馬。點點帆影，三、二海鷗，白雲悠悠，海風拂面而來，令人心悅神爽。拾步而行前至「映月潭」，潭僅二公尺見方，週（周）為半圓井字形，高約四丈餘。因之置身其中，頗有陷落古井之感。惟此潭附近涼風習習，誠消暑之勝地。潭畔築有「飛雲台」，攀台仰望，但見雲絮朵朵，浮游變幻，蔚成奇觀。再向前行至「靜心亭」與「觀涯台」。兩處風光綺麗，「觀涯台」建於離溝底十餘公尺之高處，危崖削壁，上半下削。因此頂端細沙，隨風滾落，沙沙作聲，別有韻味

公園盡處，是一座綠簷朱柱的「桃源亭」。該亭位於夾壁之下，亭畔有瀑布，浪花衝激，芯流星疾馳，光耀奪

目。俯視潭中，魚、鰻、蝦、蟹遨遊其間，可供垂釣。潭左設梯，拾級而上，及頂仰見虯松叢竹，倒生岩壁，實為公園中風光最為旖旎之處，遊覽至斯，綠島公園全部景色，已飽嘗無遺，可在亭中稍憩。……

由於徐鳳翰（1967）的報告係發表在《台灣銀行季刊》第十八卷第四期（280-289頁），該期刊一向被視為學術或半學術刊物，故學界多方引述，至於許多謬誤、荒腔走板的敘述，一樣被再三引用。

李思根（1974）的《綠島小區域地理之研究》（經綸學術叢刊，經綸出版社）對「綠島公園」的敘述（87頁），就是引用上述，但摘要或改寫成如下：

即流麻溝河谷中下游地帶，乃新生營為儲備水源，增加課餘閒暇而闢建，內砌三亭四臺，嵐光繞碧，環翠照眼，海詭雲譎，蔚成奇觀。（現已禁閉）

也就是說李氏並無踏勘該公園，但依文人慣例援引、改寫而已。較有趣的是，李文引用徐氏的，包括天大的誤謬，也就是燈塔的記述。

……據塔內之銘誌曰：在 1937 年 12 月 12 日夜間，曾有一艘 31,000 噸的美國郵船──胡佛總統號，載著 12 個不同國籍的旅客 500 餘名，正航經巴士海峽，由

於霧深迷途，越出航道，於中寮附近觸礁沉沒，旅客不幸全部罹難。嗣後美人捐資，由日人經手，建立了這座中寮燈塔，希望前車之鑑，以後再也沒有船隻，會再蹈覆轍了⋯⋯

李思根（1974；87頁）引用如下：

　　中寮燈塔：位於中寮西北隆起珊瑚礁上，高30ｍ，1937年12月12日夜間，有一31,000噸美國郵船胡佛總統號，載12個不同國籍的旅客500餘名，因濃霧低迷在此觸礁沉沒，乘客全數罹難，後由美人資助建此塔以誌悼念，登塔頂遠海近山盡收眼底，令人有心曠神怡之快。

徐氏說是根據燈塔內的「銘誌」，在我尚未徹底追查到底綠島燈塔內有沒有這段胡扯的「銘誌」之前，不便苛責徐氏報告，令我嘖嘖稱奇的是，李思根教授（1974；3頁）：

　　⋯⋯遍搜所有資料，也僅見徐風翰（註：鳳字排版誤植為風）氏之「綠島概況」，馬國樑氏之「綠島、蘭嶼」；（屬報導性）⋯⋯

但其小書之末，列出的「主要參考資料」並沒有列出這2項文本引證或出處，因此，我也無法斷定李氏到底有無

讀了馬國樑的小書？馬氏的報導明明指出乘客、船員全數被綠島人安全救上綠島，為何李氏卻採用徐鳳翰的「全數罹難」？至於「巴士海峽」等等時間、地點或數據的質疑，就不必談論了。

如果說李氏既已搜集了馬氏資料，假設也看了全文，卻因該文「屬報導性」，而採納徐鳳翰的報告，也就是他相信「學術性」的「權威」？犯了所謂「訴諸權威的誤謬」，無論何種狀況或其他情形，任何人皆不能犯上此等誤謬，筆者又何曾不然，所以舉此例，引為學子戒。

關於綠島公園等，較直接、明確的資訊，當以軍方主管當局者所留存的文獻、公文、案牘為據，有待進一步耙疏。無論如何，如同台灣的許多水庫，如今水面下的歷史痕跡，無論何等風華、滄桑，盡成波臣而沉葬湖底，綠島公園的「三亭四臺、浮雲映月」，只成文人似真還假的夢囈，萬法盡皆夢幻泡影？！

然而在地人蔡居福回憶：「以前的鱸鰻溝要比中國的九寨溝更漂亮咧！尚未做水庫、建水壩之前，那裡有幾個涼亭、水瀑，兵仔傍晚都會去那裡散步，也有人去那裡自殺，吊死了2、3個，現在，都泡在水庫裡了！小時候，我都跑去裡面，割竹筍、採木瓜、抓魚蝦……我少年時，綠島沒電，我和一位6、70歲的老先生在那裡，用電土（乙炔）燒水，幫人家補鍋子。也有人使用毒魚藤，抓鰻魚煮來吃……」

# 第十三中隊

過了鱸鰻溝之後，沿著海邊小路東行，即抵達歷史悲劇

的埋骨地──第十三中隊。第十三中隊的故事，可逕自參考
人權園區的解說，以及在地的解說牌。拙作《綠島金夢》的
第一章：舞台，包括燕子洞的故事等，略有著墨。

　　在此，我不直接敘述其滄桑，只轉引現今人權園區圖、
文展示的片斷，側面勾勒那些人、那些事。

　　流放綠島的第一階段政治犯（新生）有首〈新生之歌〉：

第十三中隊掩埋著受難者冤骨，也長眠著當年的施暴者，他們到了幽冥
陰間，有無神鬼界的轉型正義？（2014.6.23）

中華民族的國魂，喚醒了我們的迷夢；

三民主義的洪流，洗淨了我們的心胸，

粉碎鐵幕，走向新生；脫離黑暗，投向光明。

我們在博愛平等中陶冶，我們在自由民主中新生。

看美麗的國旗青天白日滿地紅，飄揚在天空。

我們不做異邦的奴隸，我們都是中華的英雄，

實行三民主義，效忠領袖　蔣公。

起來，新生的同志們；起來，新生的同志們，

團結一致，奮發為雄，完成建國大功。

　　1947年 2‧28事件，乃至國府流竄到台灣之後，第一批

**政治受難者在「慶祝總統復行視事四週年大會」！**（馬國棟，1954）

大肆逮捕的政治犯，於 1951 年被送到綠島勞改，乃至 1965 年前後，政治犯（新生）離開綠島，或移送至台東縣東河的泰源監獄。這段期間內，台灣人或台灣島上（含離島）的人，只要被懷疑「不效忠領袖」，就有機會下放綠島，接受洗腦及勞動教育。

這個中國歷史不幸的圖騰還在統治台灣？
(2013.5.31；台北)

　　1967 年暨之後，新生離開綠島，政治犯的監獄被警備總部改設為「第三職訓總隊」，也就是開始管訓流氓，從此，綠島轉變成「大哥島」。

　　然而，「1970 年彭明敏成功逃亡瑞典的消息，鼓舞了長期在泰源監獄中，醞釀武裝革命的年輕政治犯。同年的舊曆年初三，鄭金河等人奪取槍枝並刺殺一名獄方人員，卻不及佔領通信站台與車輛，行動失敗。逃亡山區的他們受到軍憲警圍剿，不久被捕，江炳興、鄭金河、詹天增、謝東榮、陳良等五人被槍決，僅鄭正成倖存，加判近 16 年刑期。」（綠島人權園區展示牌說明文）

　　當時，風聲鶴唳下的鍾興福小故事（展示牌上文字）如下：

　　「1970 舊曆年，被判無期徒刑的受難者鍾興福，其岳母與妻子邱採霞前往台東探監，遇上泰源事件發生，監獄全面警戒，禁止接見。邱採霞央求看守，至少將年菜轉交給鍾

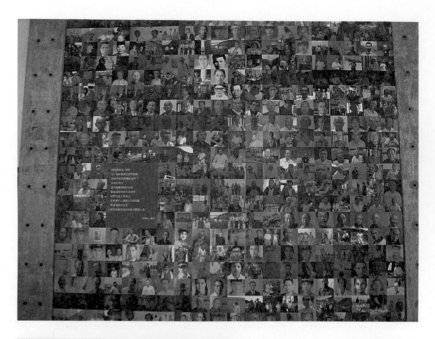

綠島展示的政治受難者群像，紅色區塊即曹開的詩作。（2014.6.23）

泰源事件展示牌。由於此事件，全國各地監獄的政治犯於 1972 年春，國防部動員三軍聯合演習移監，將政治犯再度送到綠島（綠洲山莊），展開綠島囚禁政治犯的第二大階段。（2014.6.23）

興福。為防止挾帶違禁品，邱採霞做的蘿蔔糕被戳了上百個洞，檢查後才交到鍾興福手中。泰源事件後，政治犯被集體送往綠島，鍾興福的岳母再無機會與女婿見面（鍾興福提供）。」

在泰源事件的刺激之下，國府當局下達了綠島成為第二階段的政治犯惡魔島，1972 年春，空前絕後（？）地，動員陸、海、空聯合軍演，用來將全國政治犯移監至綠島的「綠洲山莊」（八卦樓），直到 1987 年解嚴。1972-1987 年，綠島淪為政治犯與大哥並存的時期。

試問，國共的「血海深仇」如今如何？當年動用三軍移

政治犯被禁閉在囚房的模型展示。（2014.6.23）

送台灣手無寸鐵的政治犯，遠比對付共匪還嚴苛！準當時
「標準」，2008-2016年的國府當局「要員」，該有多少人
送惡魔島下放改造，或「榮歸」第十三中隊？誠乃台灣的天
問！

綠島第二階段的政治犯包括施明德、柏楊、陳映眞、黃
華、許曹德、楊碧川等等。

受難詩人曹開的詩作：

我們被放逐，錮禁
又一個惡魔島在我們眼前

2013年5月30日施明德在立法院舉行記者會，
希望當局為泰源事件受難者平反。（2014.6.23）

就當作他們選擇給我們

休歇的地方

這是威權獨裁的安排

難道還說也是天命使然

我們在這火燒島上

手牽著手心連著心互相鼓勵

渡過漫長的囚涯

經由苦難孤寂的折磨去體驗人生

　　我為什麼不在「綠島人權文化園區」解說這些悲慘往事？一則園區資料夠多，足以讓新生代麻木；二則在第十三中隊的荒煙蔓草上，聆聽亡魂的另類解說，毋寧更真實！

　　2013 年 5 月 30 日，施明德先生在立法院舉行記者會，要為泰源事件五烈士平反。施先生在現場手寫：「總統先生：恭請蒞臨向烈士致敬，引領台灣走出 20 世紀的仇恨、對立、撕裂，使國家終能和解、團結！施明德 2013.5.30」。

　　國府敗退來強佔台灣，台灣人不肯「效忠領袖」、違背「反攻大陸國策」，或稍微閱讀馬、列思想者，或主張台灣獨立者，動輒送綠島勞改下放、槍斃，有些台灣人根本弄不清什麼是「共匪」，就因「為匪宣傳」而下獄。而 2008 年以降的台灣，五星旗可以滿街跑，總統以及文武百官競相媚共、投懷送抱，硬要把台灣送給中國，照理說，過往無端犧牲的台灣人總該得到平反吧？！事實又不然！難道生為台灣人，就得背負從來被踐踏、被踐踏的「原罪」？

　　筆者在參加該記者會時，著重在台灣歷來烈士的神靈，

多少人命喪黃泉、多少人受盡慘無人道的地獄折磨，只為國府的「滅共復國」？如今的國府呢？！不知道哪些鬼魂合該「死不瞑目」？！（2014.6.23）

台灣人的「原罪」？（2013.5.31；台北）

有夠諷刺的「自由」廣場！（2013. 5. 31；台北）

早該榮獲轉型正義的平反，不只是泰源事件五烈士，該發言即拙文〈當獨裁是事實，革命就是義務──讓忠烈祠開展轉型正義〉，收錄在陳玉峯（2014）《私房菜》124、125頁。也就是說，2013年年中，筆者在不滿台灣始終不願實施轉型正義的同時，更提出台灣開拓史上靈界轉型正義的呼籲。2015年2月19日（春節）撰寫《綠島金夢》到結尾時，更自然而然地寫出〈台灣命運咀咒的大破〉（204、205頁），呼籲2016年之後，早該設置台灣國家的太廟，總統更該以國家大位，正式向四百年華人開拓史上，受到外來政權屠殺的原住民、台灣人，夥同海拔2,500公尺以下，自然生態系遭受全面覆滅的生界動、植物冤魂等，鄭重道歉、懺悔，並依國

第十三中隊向海側的一堆巉岩、石洞，正是 2008 年挖金地的「烏石腳」。站在烏石腳的一隅望向牛頭山及海上的樓門岩。（2014.9.2）

殤大典儀式，將全數冤魂等入火太廟安座！

　　筆者在書寫凡此文字的 2015 年 7 月 30 日夜間，驚聞反中國課綱學生林冠華自殺身亡，為台灣烈士增添最年輕的事蹟，偉哉，我台灣魂！台灣人何時可以書寫自己的歷史？今夕何夕？台灣學子還要讀中國史綱，接受帝制霸道的洗腦與

汙染？我為自己尚在苟延殘存而悲！（註：筆者於 8
月 6 日至教育部前撕裂、燒毀教授及博士學位證書以示抗議）

　　第十三中隊向海側，見有海岸上隆起的火山
岩小丘堆，即挖金地點的烏石腳。凡此兩據點的
故事不再贅述，但朝牛頭山西側海崖下的燕子洞
前去。

## 燕子洞

　　由徐鳳翰（1967；287 頁）敘述東岸的「栗子洞」
（含附圖），並非牛頭山西側海崖下的燕子洞，但
其描繪的神話故事，筆者在《綠島金夢》中（58、
59 頁）將之轉引為燕子洞，因為那是禁錮悲劇的
特定象徵。

　　燕子洞台語叫燕子「碇」，碇正是台語的
洞。燕子碇是火山岩海崖中下段，曾經某段長
時期位於海岸浪潮襲擊處，因而打出如此巨大的
海蝕洞，洞寬約 37 公尺、深約 40 公尺，最高處
20 餘公尺。2014 年 9 月 2 日筆者調查此洞，目
測估計的數字大致吻合上述（《綠島海岸植被》202、203 頁），植
物分佈已敘述。

　　從現狀看來，燕子洞最引人好奇的是洞內側的地上，存
有一平整夯實的大平臺，高出洞內其他地面約半階，這個平
臺就是 1951-1965 年間，政治犯（新生）被要求演戲或晚會
活動前，彩排或預演的場地。綠島耆老說，當時洞內佈置得
多彩多姿，「新生們」稱呼此洞為「勵志洞」，至於「勵志」

燕子洞內外眺。(2014.9.2)

**燕子洞或綠島許多海蝕洞穴，歷來充斥人、畜骨骸。**(2014.9.2)

是要反抗暴政或接受反人性的洗腦，任憑各自解釋。

　　然而，舉凡洞穴，天生有神祕、幽暗的一面。

　　筆者初探此洞時，洞內見有整隻山羊骨骸鋪地，形同解剖臺上的遺骨。在楠仔湖的海蝕洞口，亦見有山羊頭骨二枚，究竟是盜獵者就地宰殺烤食，或自行暴斃？

　　蔡居福先生敘述：「……是被狗咬死的啦！以前警備總部養了很多狼狗（軍犬），有天一大早，我發現我的羊被咬死了7、8隻。我不甘心，拿了早年使用的老鼠藥，混在羊肉中攪在一起，丟給那些狼犬吃，哈！全部死光光。現在的老鼠藥就沒那麼強了。」

　　「所以燕子洞內就有一些羊骨頭。事實上，更早之前是人骨，番仔死在洞內的遺骸，有很多，後來被填土掩埋起來了！」

「以前不是有華人選擇在此洞死亡嗎？」我問。

「有個人想成仙，他告訴家人說如果七天後沒回來就別去看他。我的印象是，他坐在缸裡，外面堆著石頭，坐缸而亡，說是沒有臭味就別去動他。我在牛頭山也看過坐缸的，現在也還找得到。有次，我去那裡，踩到一個坑，裡面有個水缸，有骨骸在裡面，嚇得我趕快跑走，到現在還是不敢再去。我以前在那邊放羊。」

「古早時代，可能百年以上了。老輩人看風水，自己去坐缸死亡，這是我童年記憶。」居福伯仔如是答。

也就是說，綠島的許多海蝕洞穴，古代存有許多原住民的骨骸，後來有些華人也採取和尚坐缸往生的行徑，地點如燕子洞、牛頭山海崖等地，乃至山羊等動物骨骸散遺各山洞。《綠島金夢》(51、56-60 頁) 引蔡居福先生敘述，一位懷孕的女性政治犯，也在燕子洞前跳崖（海）自殺，一屍兩命。最為駭人聽聞的，烏石腳密閉的石洞，2008 年底出土約百具的人類骨骸，益增添綠島海岸石洞，充滿歷史墳場或棄屍的神祕與幽冥氛圍。

燕子洞顧名思義，當然是燕子的棲息地，據說數十年前，燕子的族群很大，我不確定是否與季節相關，但我幾次到燕子洞內，卻少見燕子蹤跡。

「妙屋美食城」的老頭家（1948 年生）說他小時候常到燕子洞地區，因為當時該地的海邊寄居蟹相當多，他們抓寄居蟹充當食餌釣魚。如今，寄居蟹消聲匿跡，也沒人在抓了。

而就燕子洞附近的生態學內涵而言，烏石腳一小堆臨海火山岩塊面積雖小，高度也僅 10 公尺上下，卻發揮很大的

台灣假黃鵪菜是稀有物種。（2014.9.2）

風力阻絕效應，配合牛頭山的海崖作用，在烏石鼻與燕子洞之間，形成一個大型風洞效果。引發筆者思考，以綠島的海蝕洞穴而言，燕子洞口面向西北，也就是說，似乎並非由東北季風所造就，但燕子洞的規模卻是綠島數一數二的鉅大，則是否燕子洞曾經有段長時期處於臨海海崖，且該段時期正是小冰河時段的西風盛行期？這等西風盛行階段，最近的一次即西元1350-1850 年期間發生。否則，海浪侵蝕力道不足以形成燕子洞的規模？

烏石腳及牛頭山海崖之間，形成東北季風直灌的風袋效應，形成的珊瑚礁岩後方的砂丘寬度，也是綠島之少見。砂丘上為匍匐的馬鞍藤、海埔姜、天蓬草舅社會，之後，才是林投灌叢。

此一東北季風風袋效應，可能也是造成第十三中隊與烏石腳之間，存有蘭嶼小鞘蕊花的族群數量，是綠島海岸之冠的主因？！而燕子洞口的火山岩屑地、石縫，尚見有今之稀有物種台灣假黃鵪菜（Crepidiastrum taiwanianum）數叢。1970 年代之前，它們佈滿綠島

岩生的環境，由於被視為珍貴藥材，全島族群被洗劫一空，但願燕子洞口這些零星植株可以續絕存亡。

# 🌿 4. 牛頭山（草山埔尾）

人們看萬象，多少都有若干基本角度或內在動機。觀光客到綠島是旅遊，包括攬勝賞景，因而從公館鼻以東望向綠島的東北角海岸，東北角海崖地形像極了俯臥的水牛頭，於是「牛頭山」的「地名」便不脛而走於觀光客之間。

綠島人暨其先民則著眼於生計利用，沒人在乎牛不牛頭。他們看到的是，從阿眉山（標高276公尺）山腳下，向東北方延展而下的廣大海蝕平臺，古來，自從多次火燒山之後，形成草生地的大面積宜墾區。因此，如公館、楠仔湖、柚仔湖、柴口、中寮等等各聚落家族，皆前來開墾，形成綠島最主要的農耕地或綠島的糧倉。

這片草生地為主的海蝕平臺名之為「草山（埔）」，是由中寮李姓家族結合 10 個家族共同開墾的農地。由於綠島

牛頭山入口欄樁上標示有不起眼的「鳥崁」，一般人摸不清是什麼碗糕。（2015.9.8）

所謂的「鳥崁」並無特定地點，泛指牛頭山向海海崖的海鳥休憩處。(2014.9.2)

泉州人對「草山」的「台語發音」，讓日治時代前來綠島的外人聽成「頭山」（台語），因而被誤記為「頭山」。

　　現今所謂的「牛頭山」，大致上指稱約自牛脖子（上坡轉彎公路旁入口處），以迄向海海崖（岬）的地體而言，牛頭頂的草生地位於綠島人認定的「草山埔」的東北端或尾段，也叫做「草山（埔）尾」，或「草山尖」。

　　草山埔古來既是農墾地，當然有些耕牛，草山埔尾（牛頭山）就形成放牛吃草的區域。1946 年生的蔡居福先生說：「我小時常在草山尖放牛，農田種花生、甘藷等。草山尖景觀跟現今差不多，草生地以及林投……」

　　我再問居福伯仔牛頭山還有什麼故事，他答沒了，但在其他議題時，仍然相關帶出一些往事。也就是說，人對地方感存有其價值觀的排序（優先順序），以及個人獨特境遇而有

很大的差別。例如居福伯仔談燕子洞華人先輩坐缸亡故，他說牛頭山上也有，他還踩進有骨骸的水缸中，嚇得他迄今未曾再到那邊去；另如他在談到他多次面臨死亡危機的事例時（註：我問他對鬼神、靈魂的見解），他也提到牛頭山臨海懸崖下，打海鳥的往事。此一打鳥的地點，就是在《台東縣綠島鄉誌》第三篇地名篇，219頁所謂的「鳥崁」（註：新版鄉誌，出版日期是2014年12月，事實上是2015年中才印出）。依其敘述，我認為很可能即訪談蔡居福先生的簡略版。在此，我引用居福伯仔第一手口述：

「又有一次，晚上（註：居福伯敘述他多次差點沒命的故事），我在牛頭山，當時25歲（註：1971年），我去抓白胡鳥（註：可能是軍艦鳥或鄉誌推測的白腹鰹鳥），那是一種群體型的大型海鳥，一隻多在1台斤以上。每年冬季，隨著飛魚群來到綠島，白天捕食飛魚，入夜停棲在牛頭山海崖壁……」

## 鳥崁最後一次打鳥的故事

「傍晚時分，約下午5、6點之後，東北季風約有10級，浪大，這些鳥會來佔棲在鳥崁懸崖壁。我們先在隱蔽處躲著，看鳥多聚集在何處，等到天黑到半暝時分，就由人繫綁繩子在身上，垂懸下墜去鳥群處，掄起棍棒打鳥，一次下去，可打抓2、30隻，再由上面4、5個人拉上來。」

「那一夜由我下去。我下到崁下，解開身上的繩索好打鳥。」

「我打不到幾隻，可能花的時間較久，上面的人收繩子，嚇了一跳：怎麼是空的，人呢？有人說有看到一顆火球

從我頭上落下來，但沒人敢說出口，究竟是什麼東西也沒人確知……」蔡居福強調，自從那次打鳥之後，從此他拒絕再去了。

居福伯仔繼續說：「古早，我媽跟我外祖父到牛頭山海崖打鳥，我外祖父就在那裡摔死的！我媽回來後也不敢講……」

## 綠島的火球傳說

「那顆火球我也沒看到，是什麼東西我也不清楚……」居福伯仔說。

傳說中綠島的火球說，從古代的火燒島由來的口傳，乃至晚近幻象般的彩繪，多樣善變，網路上的故事則大多跟觀音洞、海上迷航的指路有關，而且，最大的比例是反覆亂剪、亂傳。再則，多屬遊客隨便聽綠島人隨口說，而隨意傳播的產物。而居福伯仔敘述：

「綠島人說像天燈的火球，是陸蟹族群吐出的泡沫，折射、映射所產生，是否屬實也未可知；我們有很多關於火球的故事，像龜灣、鼻頭角（註：燈塔附近）都常見。約在傍晚6、7點鐘時，由石人（朗）往龜灣的角落，就有一顆火球，可以由一顆變成2、30顆，在海上繞出去，迴繞回來又變成一顆。」

「將軍岩（觀音媽祖岩）那裡的火球我曾親眼目睹，我跟一些客人坐在涼亭旁一起看到的。一開始也是一顆，跟將軍岩等高，從海底升起，沿著海面上高約10餘公尺處，飛向燕子洞方向，有時變成好幾顆，後來又合成一顆，然後就消

失了。」

　　我問：「有人拍到過嗎？」

　　「沒啦！但我兒子跟其他人都看到了。我的小兒子說他以前就看過了。」

　　「有多大？」

　　「像天燈那樣大。天燈是向上飛，這個火球是平飛的，很怪異！」

　　我笑問：「我多喝一些看看能否看見。」（註：我訪談蔡居福先生時，他頻喝烈酒）

　　「真的啦，不是說笑的。燈塔那邊的人也都見過。夜晚在大白沙躺著乘涼的人看過，我太太也都看過，到底是何原因，沒人清楚……」

　　由於現象不確定，我採取保留原味的敘述。只據上述，可歸納可能性要素殆為：海岸或近海氣象、生物性氣體氧化作用、違背例行性陸或海風行徑（？）、可存在的時程應足以記錄或拍攝等，然而，分裂、合一可否是群體性昆蟲的求偶行為？

　　也許可先以高解像力的攝影，長期守候（先歸納幾個常見定點、出現時辰，也就是說，先儘可能訪談實際目睹者，統計歸納之）拍攝，解析後再下推測及試驗，或可解開謎團？無論如何，過往傳說傾向與迷航指引有關，使我推測火球現象離不開陸海交界或海岸。

　　關於牛頭山的解說，個人認為可以強調一項常識，也就是「領海」的界定。

　　牛頭山海崖平頂，也就是遠古時代的海蝕平臺，現今所

謂的牛頭山大草原上，靠東側，設置有一面不鏽鋼的「中華民國領海基點」解說牌：

「中華民國主權及於領海、領海之上之上空、海床及其底土。行政院依『中華民國領海及鄰接區法』，於民國 88 年 2 月 10 日公佈『中華民國第一批領海基線、領海及鄰接區外界線』，我國領海基線之劃定以直線基線為原則，正常基線為例外之混合基線法。台灣本島及附屬島嶼之基線範圍，北起彭佳嶼，南至七星岩；東起三貂角，西至澎湖花嶼，並包括釣魚台列嶼。自基線起向外 12 浬間之海域為我國領海範圍。『飛岩』位於綠島東北方海面上約 1.8 公里處，由 3 塊礁岩所組成，於綠島牛頭山上可清楚遠眺，為綠島極東之點。綠島屬於台東縣管轄，島形北闊南狹；黑潮北流至此，形成重要天然漁場；長年受風化及海水侵蝕，形成曲折多變的海岸景觀與豐富海洋生物，具有海洋遊憩發展潛力，目前已設置綠島文化園區（原稱綠島人權紀念園區）而為知名觀光景點。因綠島位於我國領海基線自蘭嶼到台灣本島之重要連接地帶上，爰於『飛岩』極東點適當位置設置領海基點，前後與『小蘭嶼2』及『石梯鼻』等領海基點相連接。」（註：筆者修改或增加了幾個標點符號）

看了以上的解說牌，大概可以理解現今台灣當局認定「我國」的領海範圍吧？！所謂「正常基線（normal baseline）」指的是依據 8 萬分之 1 地圖所標明的海岸低潮線，是實際領土的海岸低潮線；所謂「直線基線」，是在國家領土上，找出適當的「極值點」，最近的兩個點畫出一條線，連結所有點所畫出的連線，即領海的基線。由於 2009 年 11 月 20 日

行政院公報第 15 卷第 225 期公佈的「修正中華民國第一批領海基線表」，從第 1 點三貂角到第 22 點龜頭岸，只有第 3 點「彭佳嶼 1」到第 4 點「彭佳嶼 2」是採取「正常基線」，其他所有 22 個段落都是「直線基線」，因此，上述解說牌記載：「以直線基線為原則，正常基線為例外之混合基線法」。

　　此外，行政院公報也列出了「釣魚台列嶼」，說是採正常基線，但沒有任何資料，也就是自己喊喊「暗爽的」而已！

　　再則東沙群島列有 4 點 4 段落，直線基線及正常基線各有 2 段；中沙群島的黃岩島也採正常基線，但無數據。

　　已公告的點，計有（東沙、中沙及南沙不管了）：

　　三貂角、棉花嶼、彭佳嶼 1、彭佳嶼 2、麟山鼻、大崛溪、大潭、翁公石、花嶼 1、花嶼 3、花嶼 2、貓嶼、七美嶼、琉球嶼、七星岩、小蘭嶼 1、小蘭嶼 2、飛岩、石梯鼻、烏

牛頭山上「中華民國領海基點」之一的飛岩，即在本圖右上角落，由左向右排列著大、中、小三塊小石礁。（2015.9.8）

石鼻、米島、龜頭岸，計 22 點、22 段連線，如附圖：

上圖 22 點畫出了「領海基線」，由領海基線垂直 12 浬（約 22.2 公里），畫出「12 浬領海外界」；再往海上增加 12 海

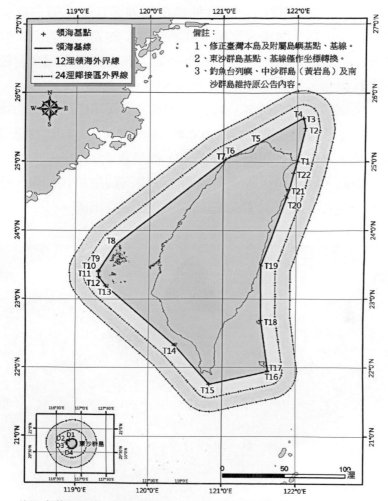

**修正中華民國第一批領海基線、領海及鄰接區外界線簡圖。**（備註：1. 修正台灣本島及附屬島嶼基點、基線。2. 東沙群島基點、基線僅作坐標轉換。3. 釣魚台列嶼、中沙群島（黃岩島）及南沙群島維持原公告內容）

浬，畫出「24 浬（約44.4公里）鄰接區外界線」。

因為澎湖、蘭嶼、綠島等，讓台灣的領海「增胖」了許多。

2009 年馬政權已經務實地修正公佈了我國「第一批」領海基線，為什麼後來又搞「課綱微調」的天大謊言呢？到底我國有幾位「總統」、「地下總統」在實質指揮呢？有領土才有領海，不是嗎？！（何時會公佈第二批、第三批？！）

來到牛頭山的遊客（國人），請別忘了朝向東北方海面眺望 1.8 公里外的「飛岩」（3 塊礁岩，最好使用望遠鏡看），從那 3 塊「領土」再往外擴展 22.2 公里，都是我國的領海。

因此，讀者可以確定，我們從台東富岡搭船往蘭嶼、綠島，一概皆在我國的領海範圍內，絕對沒有出國。

牛頭山的天然崩陷區。（2014.9.2）

牛頭山上東側下瞰楠仔湖；林投灌叢筆者視為「風成社會」。(2014.9.2)

## 牛頭山生態解說

　　牛頭山海崖頂相對平坦的大面積土地，事實上，應是古老年代某一段長時期期間，海浪打出來的「海蝕平臺」，拙作《綠島海岸植被》114 頁推估它，也許是在 3 萬 5 千年前暨之前所形成，後來陸、海相對拉開，形成今之高位海蝕臺地，狀似一長條蛋糕似地，先端近似垂直下切入海。

　　2014 年 11 月 7-10 日，筆者等前往綠島施放煙霧，觀察東北季風流狀（《綠島海岸植被》262-273 頁），認為東北季風（中、高速）吹向綠島時，無論海岸砂灘、海崖（海蝕平臺）頂，受到強烈季風吹襲，對植物存活及生長，構成顯著的限制因子（limiting factor）效應，也就是強烈季風變成物種存在或生長狀況的關鍵，因此，在人為力量未介入之前，這等強風立地

的終極性灌叢社會，只有林投脫穎而出，也只有相對避風的地段、部位，可以發展其他的海岸灌叢社會。

也就是說，我認為 2 百多年前，林投大面積的灌叢，鋪滿大部分的牛頭山，這種風力造成的植物社會，在恆春半島東北半壁，從鵝鑾鼻到九棚海岸陡坡上，司空見慣。陳玉峯 (1985)《墾丁國家公園海岸植被》37-45 頁中，論述風力對植被、植物的影響時，將此等大面積山坡地上的林投社會叫做「風成社會（wind community）」；林投社會一般存在於海岸線海岸林之前的一窄帶，由於強風壓制其他樹木，林投跨越常態，挺升至面海第一道主山稜的山坡或山頂，海拔可以上升到 150 公尺或以上。它在墾丁國家公園的鵝鑾鼻到九棚地區，形成全國最大面積的「風成社會」，但除了風力以外，其他重要的環境因子，另包括地形坡度、土壤含鹽度、放牧、火災、次生演替等作用在在相互影響。而在綠島的調查顯示，不僅如公館鼻、牛頭山等海崖頂的原始植群都是林投的「風成社會」，林投社會被火燒或其他方式破壞後，在羊群吃食的放牧壓力、季風效應，以及踐踏壓力下，維持長時間的低草生地（草一長高，就被吃掉），以及部分的林投社會。

這些草生地的植物組成，除了典型放牧壓力下的「竹節草優勢社會」等之外，許多典型的海邊植物，也翻上數十公尺高的海崖頂，甚至形成了海邊的植物社會。這些物種例如高麗芝、馬鞍藤、早田氏爵床、天蓬草舅、茅毛珍珠菜、蒭蕾草、細穗草、海馬齒、耳葉鴨趾草、海雀稗……，夥同林投是海岸線的主體物種，加上林投林緣如同向海形相，在綠島，相當於把海岸線前後的生態系，在海崖上二度出現，因

此，我特地賦予如牛頭山等海崖頂特定的植群為「二度海岸線」的單位或物種，而睡美人、哈巴狗、帆船鼻等海崖，都一樣，共同存有例如「高麗芝優勢社會」等。

　　至於「牛角」等火山岩塊上的植物，歸屬於海崖岩生類植群。

## 牛頭山遺跡

　　牛頭山的草生地上，有些段落設有棧道；入口處不久，地上見有水泥砌成的方格，遠處，另有小型水泥建物的殘遺，還有一座完整的海防碉堡，此外，除了蔡居福前述，古人到此挖洞坐缸入滅的一、二處（看不見）以外，大抵維持放牧下的自然景緻，但盼管理當局切勿再興土木，千萬不要再

牛頭山入口處。（2014. 9. 2）

**牛頭山上殘留的碉堡，代表軍管歲月的駐點。**（2014.9.2）

施加人為建設。

　　綠島在先前，長期被軍管。警備總部撤走之後，大約在
1983-1985 年間，曾由傘兵旅駐紮，據姚麗吉校長回憶，牛
頭山的水泥建物，就是傘兵的戰鬥（單兵）訓練場。這群駐
綠島 2、3 年的傘兵部隊約只 1 營，最高階是中校營長。傘
兵除了在牛頭山留下痕跡之外，另如帆船鼻海崖頂的低草生
地上，存有幾個凹洞，也是他們挖出來的散兵坑。

　　由於民間對軍方資料的瞭解相當有限，筆者僅舉綠島人
姚麗吉校長（1960 年生）的回憶敘述：

　　「……我小時候只看到一種兵，就是警備總部。長大
些，看到的是憲兵，就是綠洲山莊的國防軍。憲兵之後換傘
兵來駐防。傘兵的旅總部設在公館國小旁，現今海巡署駐

地，而各地有 1 或 2 個小隊駐紮。」

「牛頭山有些單兵訓練的設施，就是傘兵部隊所建，碉堡也是那時候蓋的，我看過的傘兵設置的碉堡至少有 10 個；警備總部設的碉堡是圓的。」

「大部分的碉堡都位在風景絕佳的海邊。我以前跟朋友說，可以來綠島辦個碉堡之旅，每個碉堡住一夜，應該風味絕佳……」

至於牛頭山的地體本身，在東北先端的海崖段，崩蝕嚴重，每年的東北季風又首當其衝，但此屬自然營力，不必干預。然而，如果可以將山羊放牧行為終止，當有助於植被進行次生演替，進而有助於延緩崩蝕速率。

而站在牛頭山海岬下眺，海中見有幾塊大岩塊，這群岩塊合稱為「青魚嶼」，其中，最大的一塊存有一個現生的海蝕洞，在海上所見則是一拱門，高約 30 公尺、寬約 7 公尺，獨木舟、小遊艇可穿越其下而過。這塊海蝕洞拱門岩塊叫做「樓門岩」。然而，我在牛頭山下瞰這群岩塊，覺得亦可看成大小船艦的艦隊。

## 🌿 5. 觀音洞

宗教唯一的特徵就是超自然的靈驗，沒有靈驗的現象或啟發，就不算宗教。

綠島華人的宗教信仰本來唯有觀音佛祖一尊，所有其他神明或真神，都可視為「應現觀音」，而媽祖是應現觀音之一，來到綠島的泉州人原本並無奉祀媽祖，因為，來到綠島

石灰岩下方的地下水流道中，生成了石筍型石觀音寓像，恰為綠島先民的觀音信仰所寄託，並編製神話故事提醒後世毋忘本。（2014. 6. 23）

的泉州人基本上是「反清復明」的嫡系，直接祭祀的是本體觀音。這方面我不可能期待讀者初接觸而可以瞭解，有史以來研究綠島的宗教信仰的報告，也不可能提到這等隱性文化的宗教哲學。所有歷來提及綠島宗教的文字，只敘述現象，而不知其所以然。

　　簡略而直述，清國在對付鄭成功三世的「政戰或心

綠島觀音洞牌樓乃後來加建者，原本沒有人為建物。(2014.9.2)

戰」，自從理解到閩南反清復明的內在信仰是媽祖之後，
姚啟聖、萬正色、施琅等清將，便將媽祖收歸官祭，藉以籠
絡民心。施琅取下台灣之後，更大設媽祖廟，用來監控台灣
民心。義不食清國粟的小琉球泉州人，在小琉球遭受清國掃
蕩的危機下，再度跨海東走綠島。

　　綠島先民來到綠島以後，很可能具備極強烈的閩禪遺
風，他們似乎沒有一大堆神祇，而只在靈內，緊緊捍衛著本
體觀音的意識，我相信且假設，初到綠島的先民智慧者，為
延續禪門或觀音法脈，才構思出觀音洞石觀音的神話，也就
是迄今為止，一再傳誦著如鄉誌及其他文本所記載的故事：

　　先民入墾綠島之初，夜間常看到東北角或東海岸北端的
紅光滿天，指引著迷津，而出海捕魚遇上危難，只要跪禱觀

音，必得平安；對於草山埔的紅光，先民認定必為神蹟，於是披荊斬棘，終於尋獲一鐘乳石洞，赫然發現天然石觀音，面朝東立於蓮花座上，於是，住民紛紛前往祭拜，而且非常靈驗，成為全綠島人歷來真正的信仰中心。

## 靈異傳說

生活含括一切，生活內涵才是故事或歷史的本尊；文字、論述是片斷，是在數不清的逆滲透網過濾之後的特定角度陳述。

幾乎每個綠島人對觀音洞都有其特定的經驗、聽聞或想像。

妙屋美食城的老頭家說：

「我聽老伙仔（前輩）說，以前每天都有一盞火在那邊亮著（註：天然燈塔？），先民覺得怪異，就開路一探究竟，果然發現洞穴、神像，就開始供奉膜拜，稱之為『觀音媽洞』。後來有乩童說，是觀音媽要顯聖，讓眾生朝拜。」

「以前足興吔喔！我聽老伙仔說，日本時代有次，18位或40多位鄉民辦桌聚餐，也就是在吃『觀音媽會』時，美國飛機投下的炸彈就掉落在屋後，居然都沒爆炸，他們當時也不知道！」

「他們說美國人、日本人說的：你們台灣查圃人不利害，北邊有個穿紅裙子的女人才利害，會退炸彈、接炸彈喔！他們才知道是觀音媽顯靈保佑！」

「也有人被炸死的，我姑婆就是啊！聽說我們的父祖輩在曬甘藷簽，一看到飛機就趕緊逃到山裡去，來不及跑的就

被打中了；燈塔那邊被打得真著力，聽說死了不少人喔！」

「那時候我還沒出世，我阿兄平清大我 3 歲，就是戰後剛結束才出生的，所以名叫『平清』……」

1998 年以後，正式擔任觀音洞管理維護的田石川先生（1941 年生）說：

「我在這裡 20 多年了。綠島先民一開始不知有尊觀音在此，因為當時這一帶都是樹林，沒有路。咱這裡的人都是討海人，船一出海，好天可以駛，遇上茫霧就駛不了。而冥冥之中，這地方似乎有一道光，討海人就順著光行駛、靠岸，一次、兩次大家沒注意，經過兩、三年一直都有這現象發生，人們就好奇了，全村人每戶派一個壯丁組隊，帶著鐮刀穿越樹林，沿途砍除障礙、找尋，終於找到一尊觀音座落在那裡。」

「我小時候，老大人帶我來時，那尊觀音真的很美，全身都是石鐘乳的，似乎帶有毫光！」

我問：「綠島人何時發現這尊觀音？」

石川先生答：「1804 年，距今約 2 百 10 餘年。這裡的人都信佛教，就把這尊觀音當成精神堡壘膜拜。一開始是初一、十五拜，不像現在的平常日遊客較多。」

「後來，這裡的人開始研究這尊觀音，照理說，觀音有 36 種，這尊因為面朝東，所以就取名東海觀音，是保護討海人的。隨後，再去找尋觀音的由來、生日，農曆 2 月 19 日是祂的生日，6 月 19 日是出家紀念日，9 月 19 日是得道紀念日，這裡祭拜的日期是 9 月 19 日。後來又組成委員會，有爐主、副爐主……（詳見鄉誌）」

再問：「有什麼顯赫神蹟？」

「我們的孩子如果要去當兵，都一定要來這裡許願，這源自一個事蹟：823 砲戰時，綠島有 12 個子弟在金門。這 12 位子弟的親人向觀音媽祈願，若平安回來，要宰幾隻豬來拜拜，結果，12 個子弟都安全返鄉。其中有一位，有天本來是輪到他站衛兵的時刻，他卻因為肚子痛請人代班。就在他一離開崗哨的下幾秒間，砲彈不偏不倚落在崗哨裡，哨所全毀。這是最直接顯赫的事蹟！……」

我們最好假設該兵離開崗哨後，替代的人還沒進去，否則這個「觀音」，為了「喫豬肉」而找了「替死鬼」權充，也未免太可怕了！

「還有，我們這裡的人有嫁娶、家中有事，都來此卜杯……」

這些說辭殆屬流俗「有拜有保庇」的「他力主義」慣例。所謂「他力主義」殆即向不可思議的鬼神等，祈求一些超自然的靈驗，無論「該不該得」，恰好跟綠島先民、台灣人民傳統禪脈的「無功用行」大相逕庭！而且，佛、道不分、萬教歸一。

依個人對台灣傳統宗教的瞭解，綠島華人先民相當了不起，其乃泉州禪脈心法，不需要有形佛像等多此一舉。然而，或許為了擔心後世遺忘，而創造若干神話提醒與傳承吧？！然而，其神話寄寓似乎不怎麼高明，光從東北角黑潮洶湧，以及東北季風猛烈，故事的佈局顯然太過粗糙。幸虧如今只以石鐘乳寓像傳遞，保持自然風格，值得肯定。

## 觀音洞自然生態

　　由於宗教信仰的加持，觀音洞附近一小區塊得以保留自然生態系的破碎林分，誠乃幸事！

　　牛頭山或草山埔，是從阿眉山還在海面下噴出的岩漿，流積出來的地體，如今形成海拔約 55 公尺高的海崖頂。最奇怪的是，這一條海崖幾乎形成一個大半圓，這個東向的大半圓的中間偏南處，即觀音洞之所在；這個大半圓海崖頂崩落下的土石，乃至平緩流向海邊的半圓內，就是古聚落的楠仔湖。

　　我個人絕不相信它是火山噴發岩漿的原型，我認為比較可能是幾萬年來，強烈的東北季風及浪濤瞀力，依流體力學，挖鑿出來的。這個大半圓開口朝東，直臨太平洋。

　　而觀音洞附近，當它還在海水中時，形成厚厚的珊瑚礁，而且，當地體隆擠上冒或海退時期，這些珊瑚礁岩或坑洞，再經地下伏流侵蝕、流運，形成今之洞中小溪流。

　　洞穴上方的石灰岩，經雨水滲流，帶著碳酸鈣滴下，形成石鐘乳。石鐘乳逐次累積，長高成「蓮花座」及「石觀音」，因此，石觀音是在陸地時期才「出生的」，而且，未來還可能繼續長高，且形狀必然不斷變化。也就是說，祂是「活」觀音。神佛本無形，應物現形，以後的變化，就當作世道人心的寫照吧？！

　　就觀音洞的地質而言，姜國彰（2003；在趙仁方等 12 人，《綠島生態人文之旅》12、13 頁）敘述：

　　……觀音洞西側地下河的岩壁上，有全台灣難得一見的「鮞狀石灰岩」，因狀如魚卵而有其名。

　　所謂的「鮞狀石灰岩」是指，在礦物質的化學沉澱作用下，形成同心層狀鈣質或鐵質的鮞粒（Oolith），直徑約 0.25-2mm 的球狀或橢球狀的顆粒，通常是海相沉積的石灰岩之謂。鮞狀石灰岩（Oolitic limestone）即狀如魚卵形的小圓粒集合而成的石灰岩。

　　筆者未曾敲下且切片檢驗，無從確定是否觀音洞的顆粒具有同心層狀的碳酸鈣，而且，是否海相沉積出來的，我很懷疑。事實上，我在綠島許多洞穴看到的碳酸鈣結晶千奇百怪，似乎值得深入探究其成分、形成機制。

觀音洞中石壁上具有稀有的「鮞狀石灰岩」，也就是像魚卵狀的石灰岩結晶。
（2014. 11. 8）

觀音洞上方，高位珊瑚礁岩
上的「白榕社會」。(2014.9.2)

白榕。(2014.9.2)

　　觀音洞鄰近的植物社會以樹青、鐵色及白榕較佔優勢，
詳見拙作《綠島海岸植被》224-227 頁。其組成的樹青、鐵
色、黃槿、蘭嶼土沉香、蘭嶼樹杞、水黃皮等，屬於一般海
岸林前緣或前帶物種，白榕則為岩生植群，可以說，觀音洞
附近可視為「第二海岸線」較穩定的植被，也接近其原始狀
態，但又屬於高位珊瑚礁植群。

## 🌿 6. 楠仔湖

　　綠島的東海岸存有 4 個凹陷向內的海岸地形，自古形成

楠仔湖殘存的菲島福木可能是人為植栽。（2014.9.2）

聚落處，由北向南依序為楠仔湖、柚仔湖、海參坪與大湖。
而東海岸最重大的環境因子即東北季風與黑潮。

　　2百多年前，來自小琉球的泉州人拓墾綠島北海岸中
段，然後向西開發中寮。稍晚到達綠島的王姓家族入墾中
寮，之後，移居到觀音洞附近的烏石仔，最後，喬遷至楠仔
湖及柚仔湖。1979年間，楠仔湖及柚仔湖居民全數遷居公
館或台東成功鎮（林登榮，2011，89頁），留下的舊聚落形成今
之解說牌的內容。

　　而蔡居福先生說：「王姓族人從小琉球遷來就住楠仔湖、
柚仔湖了。」

　　現今解說楠仔湖地名的由來，源自該地盛產「楠仔」的
菲律賓福木，但如今調查時，僅見2、3株小徑木，一般解
釋，在綠島輸出木材的年代砍光了。蔡居福則認為，楠仔湖
曾經存在最大量的白水木（湖子草），人工種植與天然生皆有，
因綠島人取白水木的木材做潛水鏡架，化解眼部水壓。

　　楠仔湖存有菲島福木是事實，而菲島福木在綠島的原始
狀態，以及其生態地位，我已在《綠島海岸植被》248-254
頁解析與推測，相關解說請逕自參考，包括自牛頭山向南俯
瞰楠仔湖的地形等。

　　2014年9月2日下午4時43分，我第一次到逹楠仔湖
海邊調查，取道環島公路6K小橋旁，下小路到此。調查日
誌上我敘述：

　　「楠仔湖的臨海珊瑚礁帶看起來不像礁岩，感受上極乾
旱，潮池也是高位的，有可能東北季風浪濤巨大，將廣大的
礁岩帶，磨整得相當工整，簡直像是人工壓路機壓平或刨平

般。」

　　「面海第一道被自然營力整平的珊瑚礁岩，寬度約有
50公尺；接著向內陸移動，是一道寬度約1、20公尺不等
的無植物的貝殼砂灘；接著，第三道是寬約20公尺的海埔
姜匍匐矮灌木，相當於海岸第一植物（草本）帶，據此現象
判斷，此地的東北季風可能是全綠島最強大的部位。」

楠仔湖南北筆直的珊瑚礁岩，被東北季風浪潮砂石研磨得工整平滑，乃綠島海
岸的唯一。（2014.9.2）

　　「而海崖頂的邊緣，優勢種之一的林投，很像恆春半島
在半山腰的『風成社會』……」

　　以上是我對楠仔湖的第一印象，強調的是臨海珊瑚礁岩
可能被東北季風、大浪夾帶的顆粒，狂掃研磨，否則，如此
大面積的礁岩帶，為何會呈現異乎尋常地平滑？而成為綠島
的唯一！稍南端的柚仔湖，其臨海礁岩又恢復一般的尖銳突

起、張牙舞爪。因此，我推論，此乃自牛頭山東北岬角以南的風隙作用，或說綠島的另類「落山風」使然？如果是人為，大概只有軍隊才會有此行徑？！

## 楠仔湖生態補遺

　　自牛頭山海崖頂東側南瞰楠仔湖的大半圓，半圓周即內陸的海崖頂，半圓直徑線就是近乎筆直，且南北縱向的海岸線。這條陸海交界線的向海側，完全沒有出水的任何岩塊，因此，由海面上吹來的風，可以平行海面直灌內陸。而植物存在的段落邊緣靠北段，存有一塊鉅岩塊。

　　如此的海岸地形，或可解釋楠仔湖的大半圓的成因，如上所述。至於為何臨海礁岩形成近乎直線？我推測可能是黑潮的影響。

由觀音洞前，公路旁小徑，下走楠仔湖古聚落。今之所見樹林殆為 3、40 年來次生演替形成的次生林。(2014.9.2)

　　又，上述砂灘之上，偏向北側的那塊鉅大的火山岩塊，我認為生態作用影響很大，它可以阻擋每年東北季風的大部分鹽霧直灌內陸，對農耕地的保護至為重要。後來，我由陳孟和提供的照片（陳是 1950 年代的綠島政治犯之一），得到佐證，林登榮（2011；88 頁）刊出該照片顯示的耕地，的確是在該石塊的西南側。1970 年代之前，楠仔湖崩積的海岸平原，拓墾為稍大面積的農耕地。而 1979 年居民集體遷村之後，乃至於筆者 2014 年 9 月調查所見，形成大面積的次生林。

　　楠仔湖貝殼砂灘之後是「海埔姜優勢社會」，高度在 15 公分以下；接著是「林投灌叢社會」，此一社會在向海段落以林投為絕對優勢，愈向內陸則黃槿、稜果榕愈多，形成「黃槿／稜果榕優勢社會」，而林投只為伴生；原廢耕的梯田，也就是崩積土的農耕地，盡成「稜果榕優勢社會」。

　　依筆者調查經驗，1979 年至 2014 年，將近 35 年才發展出稜果榕的次生林，實乃太過緩慢。我懷疑住民遷離之後，土地利用有可能並未馬上中止；或有無可能有人再加以利用？如果真正從 1979 年以降任其荒廢（自然次生演替），則綠島的植物種源實在甚貧乏，且黑潮帶來的海漂種源似乎難以上岸？凡此，有待進一步探討。無論如何，綠島植被之復育，似乎較之熱帶性島嶼緩慢或困難？

　　而綠島全島最旺盛的次生樹種就是稜果榕，它可以視為綠島的關鍵物種（keystone species），也就是說，許多動物賴以為生的植物，如果稜果榕在綠島滅絕，必將連鎖引發系列死亡與滅絕事件。因為稜果榕終年不斷產生無花果，許多昆蟲、動物與之息息相關（陳玉峯，2010，《前進雨林》98-103 頁）。

## 台灣狐蝠 (Pannici)

1982 年發表的動物初步物種登錄敘述（台大動物系），綠島鳥類多於 40 種、爬蟲類 8 種、兩生類 3 種、蝴蝶 31 種，而無脊椎動物沒人知道有多少種。1991 年鄭明修的調查顯示，綠島海域可發現 315 種魚類、石珊瑚 176 種、軟珊瑚 27 種、貝類多於 700 種、迷你貝多於 200 種，還有數不清（沒研究）的海綿、海葵、多毛類、扁蟲、苔蘚蟲、海鞘類等海洋無脊椎動物。而代表性的大型哺乳類動物如山羌、白鼻心、赤腹松鼠及台灣狐蝠等（趙仁方等 12 人，2003，26-29 頁），以及外來種梅花鹿。

在演化上深具意義的台灣特產亞種的台灣狐蝠 (Pteropus dasymallus formosus)，英文俗名 Taiwan Flying Fox（台灣飛狐），學名上雖然以台灣為亞種命名，依據有限資料，我認為綠島才是近世以降，牠的本居地，也就是在太平洋（台灣東部外海）島弧鍊遷徙，落腳在綠島後，才演化出的特種亞種，然後再朝花東、高屏低地、龜山島、蘭嶼等地遷居者。

台灣狐蝠並不像一般使用超音波測量的蝙蝠類，牠在演化上發展出大眼睛，憑藉視力在夜間飛翔、覓食（註：尚須深入研究）；牠以果實為主食，花、葉為副食，棲息在樹上。綠島人叫牠為「Pannici」。

林登榮、鄭漢文、林正男 (2008) 的綠島民俗植物一書中，引用李基興的口訪，說是李家在 1980 年代，為了蓋鹿寮，砍掉家園中一株 2 人合抱或胸徑約 1 公尺的菲島福木，而李基興小時候經常看到成群的 Pannici 棲居在這株「楠仔」

樹上，而 2007、2008 年間已「難得一見」；他們也敘述，Pannici 主棲於深山林中，牠們的主食有：桄子（象牙木）果實、木麻黃花粉、文樹（稜果榕）等無花果，「當牠吃文樹時，將果實咬扁，吸食汁液，因此，看稜果榕果實殘渣吐滿林下的地方，可知其出沒行蹤。」（51 頁）且他們認為，棲地破壞是 Pannici 式微的主因之一。

　　林登榮等 3 人（2008；135 頁）在敘述菲島福木時提及，綠島人先前吃食 Pannici 的肉。同書 46 頁認為綠島（小）地名當中，以「楠仔腳」最常見，代表菲島福木的大樹遍佈綠島。

　　如果上述精準，則楠仔湖在泉州人拓殖、開墾之初，台灣狐蝠族群數量想必很大？！原本居住在綠島東海岸海參坪的施勝文先生（1959 年生，1980 年家族遷至台東成功，現今以計程車為業）談到台灣狐蝠時，可作為上述的另一註解：

　　「大體型的台灣狐蝠一展翅，寬達 1 公尺以上，牠是吃水果的，頭像小貓一樣。早先我們抓過，使用像頭髮般的細網捕捉，我們在山的斜坡上架網圍捕，有人會收購，我們不吃牠們。那時，在 1974、1975 年間，1 隻收購價約 500 元，不知拿去做什麼？牠們好像比較適合生活在海邊？我小時候（註：1960 年代，在海參坪）看過 1 隻像是生病的，倒吊在樹上，我靠近牠時還會作勢要咬人，牠翅膀張開時很嚇人！」

　　綜上推測，綠島在華人入據之前，原始森林茂盛，菲島福木遍佈綠島海岸的後岸崩積地形，而台灣狐蝠數量龐多，當時棲地完整、食材豐富；1800 年以降，森林備受摧殘，棲地、食材大多消失與減少，狐蝠族群必然大大降低，此後，每況愈下。

　　1960 年代暨之前，綠島人一樣獵食台灣狐蝠。1970 年代外來客到綠島高價收購，活體當寵物飼養，也被當食補。1970 年代（中葉）是最後、最致命的捕抓，至此，綠島族群近於滅絕或接近最小可存活族群。後來，2006 年相繼在龜山島、花東發現「狐跡」重現，但不知從何而來，乃至綠島究竟是否處於滅絕邊緣，以及其殘存族群數量等，尚待詳實研究。

　　無論如何，如楠仔湖現今的次生林稜果榕等社會蔚為盛況，但盼開發浪潮不要再侵襲舊地，衷心盼望台灣狐蝠可在楠仔湖等地早日復建族群！

## 🌿 7. 柚仔湖

　　有綠島耆老說，王姓族人初墾柚仔湖地區時，曾種植柚子，所以以之為地名；也有人說是因為該地盛產山柚，故得名。山柚是海岸林前帶的小喬木，乃至海崖頂高位珊瑚礁的物種，多屬林下組成之一，亦乏大樹，且其貌不揚，又沒有特殊用途，綠島人大抵取之為柴薪或聊充器物製作。從物種特性看來，實在沒理由以之為地名，而所謂「盛產山柚」，亦有違生態常識，不大可能存有「山柚優勢社會」，因此，山柚之為柚仔湖地名的說辭，我認為比較可能是後人望名生義，不當的聯想也未可知。

　　柚仔湖是綠島東海岸由北往南算起，第二個古聚落廢墟之所在。說是古聚落，其實只不過可能是 2 百年不到的華人（泉州人）拓墾處。該地 2 百年以前是達悟族人的部落，也有

**柚仔湖廢棄的古建物。**（2014.9.2）

可能其他原住民族先後多次落腳、輪替。目前為止，考古顯示，早在 3,000 年前即遺留下貝塚、墓葬、素面紅陶、石器、玉器等等史前證據，類似於卑南文化的特徵。

　　這個內凹的 U 字形海岸地域，環繞以草山埔（與牛頭山相連）的海崖，而且，海岸線上下，佈列有大、小岩塊，破解

很大部分的東北季風、浪濤的向陸影響，因而此地的珊瑚礁岩凹凸銳利，不像楠仔湖者被整平。

　　柚仔湖王姓華人於 1976 年以降，陸續遷離，現今此地殆即 30-40 年的次生演替的結果。然而，就全區檢視，筆者認為 1980 年代以降，此地仍然多所土地利用，並非完全任其荒廢。

　　柚仔湖於 2014 年 9 月調查所見，海崖崩積土向東緩下；而由海向陸，先是臨海珊瑚礁岩的潮池區，寬度數十至百餘公尺。最先出現的維管束植物是礁岩背風面或蔽風浪處的安旱草，然後是積砂處的高麗芝；礁岩上的水荒花稀少，推測是 1、2 百年間，被在地居民當柴火燒光了。

　　這個地區的珊瑚礁岩區，在凹陷的部位，堆積厚或薄層的貝殼砂，以致於高麗芝社會得以在礁岩區發展。這種情形在柚仔湖北方的楠仔湖不克發生，卻在南方的海參坪也盛行。就海岸的地形而言，我認為關鍵可能在於：海岸線上下區域有無岩塊臚列。

　　海參坪存有所謂的仙疊石，柚仔湖則存有筆者戲稱的「貴賓狗石、屏風山」等等多塊大、小佈列的岩塊或小丘 (cf. 拙作《綠島海岸植被》60-66 頁)。也就是說，我認為綠島每年承受強烈的東北季風及其所攜帶的海浪侵襲，東海岸首當其衝。而在海崖崩積土的半圓、U 形或長方形的海岸腹地聚落區的海岸線上下，有無大小岩塊，正是破解或影響微地形的關鍵。

　　很可能在大小岩塊的阻擋下，從海面平行吹襲而來的風與浪，形成了非常複雜的流體漩渦，讓大小砂粒掉落，堆聚在礁岩及礁岩後帶區域，此等高鹽分且強風吹拂的貝殼砂區域，便是矮小高麗芝社會得以形成的條件，不讓海埔姜等海岸第一道砂灘植物「專美於前」的根本原因。

　　上述生態特徵是我在撰寫《綠島海岸植被》時所忽略，在此補註。

　　繼上敘述，高麗芝社會之後，才進入一般海岸砂灘植物帶的「海埔姜—馬鞍藤社會」，但仍混生許多高麗芝，或說馬鞍藤、海埔姜等體型較高的物種，即將遮蓋、取代低矮貼地的高麗芝。

彎弓洞外壁的山老鼠，遠方海平面上左側的「貴賓狗岩」、中間的「屏風岩」，以及右側「小蟲岩」，任憑想像。

柚仔湖海岸邊的屏風山夕照。（2014. 9. 2）

除了海埔姜、馬鞍藤等優勢種之外，天蓬草舅也形成優勢社會，佔據局部海岸草本、半灌木植物帶。

然後，再猛然拔高為林投灌木叢的前帶或林緣，這裡有小面積的矮灌叢，高度在 1.2 公尺以下的「苦林盤社會」，其後，即林投社會。

林投帶之後，進入廢耕之後的次生林「黃槿優勢社會」。

但就植被生態而言，柚仔湖的最大特徵在於，它保有現今全綠島海岸較完整（即令也是破碎林分）的海岸林，此但後敘。

## 柚仔湖的旅遊景點

一般遊客不會下走楠仔湖遊覽，原因是景觀單調、交通不便（前者為因）。柚仔湖則以景觀多樣，交通合宜，遊客量多。

　　柚仔湖舊聚落區的建物新舊並存，
從古老珊瑚礁岩到水泥公共廁浴，乃至
大規模抽取海水的九孔養殖池等，但解
說牌上強調的舊聚落，年輕遊客大多
沒興趣，而大多是往彎弓洞及潮池區賞
景。

　　1993年國家風景區規劃報告《綠
島整體觀光開發計畫》，看上柚仔湖的
優點，包括屏風岩等海岸岩塊的阻擋效
應，被選為國際觀光度假旅館的預定
地，而當年還處在「開發至上；人定勝
天」的迷思之中。我衷心期盼，讓其持
續朝向天然復育前進，此地很有希望恢
復原始時代的植群景觀及原生生態系。

　　而目前列有解說牌的「彎弓洞」，
其敘述此洞乃「阿眉山火山角礫岩受海
侵蝕所造成的天然景觀」，號稱是綠島
「最大的海蝕門」，也提醒遊客「此地
瘋狗浪特多」！

　　可以想見，彎弓洞是後來、外來者
的命名，取義於特定角度由內陸向海
看出所見的，海蝕洞上緣的外形有如滿

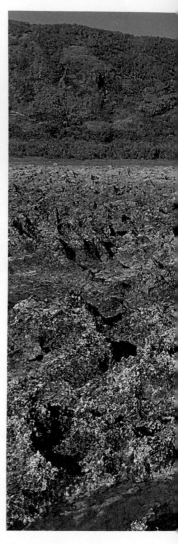

弓。然而，不同角度可看出不同形狀，解說或可朝向各種面
向深化，例如彎弓洞原本應是幾個臨海海蝕洞，如何在歲
月、風浪襲擊下，慢慢擴大而連結，而且，海浪及海風如何

柚仔湖壯闊的珊瑚礁岩與海崖。(2014.9.3)

在洞內匯聚加成力道，最後將洞穴打成海蝕門，更且，還浸泡在海水中的時期間，曾經有段漫長時段，造礁珊瑚附生在

柚仔湖的「彎弓
洞」應是由3個
海蝕洞打通而成。
(2014. 9. 2)

火山岩壁上生長，形成現今洞壁下段，附著殘遺的礁岩層，等等。

　　如果要依膚淺外形的聯想，光憑筆者在此調查約 1 個小時期間，即可觀察出不少可以「唬人」的名稱及想像，例如：

　　1. 由珊瑚礁岩潮池區觀看彎弓洞，包括海崖頂，可將整個彎弓洞看成一隻有點醜陋的「闊嘴蟾蜍」，左右海崖頂略為隆起的石塊是其雙眼。

　　2. 扭曲形的「歪弓洞」。

　　3. 略不對稱的「滿月洞」。

換個角度形成「滿月洞」。

不同角度看彎弓洞，也可看成歪弓洞。

半月尖鼻觀音。神佛本無形，應物現形。

叫做「麵包土司洞」如何？！

4. 由洞內向外看，右側的「半月尖鼻觀音像」。

5.「麵包土司洞」。

6. 彎弓洞外側懸崖上如假包換的「山老鼠」。

7. 左側崖壁上的「山老鼠」、遠方海平面上左側的「貴賓狗岩」、中間的「屏風岩」，以及右側小隻的「蟲岩」，等等。

8. 壯闊的珊瑚礁岩區，以及景緻秀麗的潮池。

若依植物生態角度考量，彎弓洞向內陸側的「蓮葉桐海岸林」，毋寧才是筆者心目中的「好東西」之一。

## 蓮葉桐海岸林

彎弓洞陸側存有一小片綠島原生海岸林的破碎林分「蓮葉桐優勢社會」，值得善加保育，以為在地海岸林的種源，且配合黑潮海漂，完成柚仔湖原生生態系的復建，一舉突破 2 百餘年來華人僅知破壞山林的汙名。

這片海岸林的內涵詳見《綠島海岸植被》201 頁，相關生態資訊則如 253 頁、242-247 頁。

而柚仔湖在原始時代的海岸林應存有多種類型，現今除了蓮葉桐社會之外，尚有欖仁社會的殘遺，例如水泥路盡頭旁側。

彎弓洞內側的小片蓮葉桐天然林。（2014.9.3）

# 8. 海參坪、哈巴狗、睡美人地區

　　以天空為背景的，沒有醜陋的事物！或說，拉開時空格局，宇宙（时空）沖淡或淡化了人的知覺、識覺，而感受「數大」、浩瀚的，接近靈性之美。環島公路一周，直接在路旁而可坐享天地、山海的造形　色澤多樣與壯闊，大致上以東海岸俯瞰海參坪、哈巴狗與睡美人區易是享受。

於是，遊客來了，在品頭論足或「閒來無事」的情境下，原本綠島人實用主義命名的「放羊仔山」就變成了「哈巴狗」；海蝕平臺（海崖）尾端一小段的海蝕洞者成頸部，於是，整長條海蝕平臺變成了仰躺的「睡美人」，還有胸尖，更拖著長裙向陸挺高。再則，編個淒美的愛情故事，讓一隻忠狗守護著長眠的美人！

我第一次來綠島，哈巴狗看成宮崎駿的「王蟲」，睡美人如同「木乃伊」，還揣摩著哈巴狗與睡美人本來相連，經海潮長年撲打、侵蝕而剝離，也在估算睡美人斷頭的時程與機率；還有，公路旁下瞰近處，所謂的仙疊石，看成了大小海蝸牛。

八萬四千法門但皆唯識妄相，六萬度行不過妄行。

遊客若要縱覽此區，乃至整個綠島東海岸的波瀾壯闊，最好在公路轉角附近，走上「海參坪觀景步道」。這條步道的制高點約有海拔 120 餘公尺，原本係 1980 年代，鄉公所

睡美人頸附近的潮間帶風光絕妙。（2014.9.8）

哈巴狗、睡美人及海參坪區。(2014.9.3)

為發展觀光，沿著海崖頂脊稜鋪設的水泥步道，1990年
代國家風景區東管處接手後，加設水泥仿竹護欄，並將
觀景台改設為今之涼亭。而古地名謂之「藤仔崁」，也
就是長著「藤仔」的懸崖頂。至於「藤仔」並非植物學
的藤本，而是蕨類植物「闊葉骨碎補 Davallia solida」的
根莖（rhizomes），其實它是附生在岩壁隙、其他樹幹上，

但綠島人把它說成藤仔。

## 海參坪舊住戶

　　如果物質文明可以不計，1980 年之前，居住在海參坪的施家正是標準的世外桃源，幾乎是與世隔絕。

　　所謂的海參坪，指的是藤仔崁的最高點（海崖尖，海拔 124 公尺），以迄睡美人岩之間，長度約 800 公尺的海崖下方，崩積土及海岸線之間的縱列長方形區域。19 世紀初葉，泉州人拓墾綠島，並往返於小琉球（及東港）與綠島時，曾多次到東海岸來捕捉海產，海參坪可能當時盛產海參，然而，綠島人只吃一種「白底輻肛參」，或說海參坪的潮間帶，盛產的就是這種海參（林登榮，2011；89 頁）？

　　筆者曾於 2014 年 9 月 5 日直接採訪海參坪原住者施勝文先生（1959 年生），詳見《綠島海岸植被》193-198 頁，主述施家 1980 年離開之後，經由 34 年的次生演替，發展出現今植被的內容，相關的植物生態不再重述。也就是說，現今海參坪的植被，大致即從施家農耕、漁、牧的行為消失之後，自然演變而來。

　　而 1980 年之前，海參坪的地被，實況如何？

　　從南端的睡美人頸（海蝕洞，綠島人叫做「束庵領仔」，意即收縮成細頸部處（林登榮，2011，95 頁））；北到仙疊石北側的海崖下，7、8 百公尺的礁岩及砂灘後方，出現成排成叢的林投社會，林

投社會寬度平均約 5 公尺，林投之後，即海岸林帶。

　　施家將海岸林伐除，並砍掉部分林投，只留下向海部位的林投，充當防風牆，林投擋風牆之內，上溯海崖崩積土處，即是農牧用地。粗估，約有 5-7 公頃土地。

　　施家的生計是向海抓魚，田地種植花生、甘藷及水稻，局部或畸零地種菜。他們養豬、牛、梅花鹿；他們的狗也會咬捕山羌。

　　表面上從山產到海產一應俱全，事實上生活艱苦。因為冬季東北季風大浪、夏秋颱風海浪甚至可撲擊內陸 2 百餘公尺，及於鹿寮及房舍。而交通極為不便，施勝文小時候念公館國小時，從家中翻山越嶺走的是羊腸小徑，單程 7、8 公

**施家棄屋之一。**(2014.9.3)

施家主屋地，以及殘牆。（2014.9.3）

里，各項物資運輸悉靠人力。海岸小徑則端視天候、海潮。

　　所謂的捕魚，只是「近海漁夫，家人只以游泳方式捕魚」，而海參坪不是「盛產海參」嗎？「哪有？數量很少啊！」因此，他們也抓過海龜：「5、6人結伴一齊去抓海龜。一隻2百多公斤，大家分來吃。我小時候，海龜肉是我們的主食之一，不會煮的人煮起來很臭腥；懂得烹調的，像處理羊肉一樣，吃起來沒什麼怪味道。偶而，看似生病的海豚被浪打上來，也吃……」施勝文說。

　　畜產呢？「好幾年才會殺一隻豬啊！1960年代才養梅花鹿，不是用來吃的；椰子蟹會吃腐肉，綠島人不大敢吃牠，人吃了椰子蟹，身體會過敏……」而小孩子的零嘴，大抵是毛柿、欖仁、蘭嶼樹杞等果實。

　　「生活很是困苦，想賺錢也找不到工作。而且，綠島小

孩國中畢業後，想繼續念書或工作，就到台灣來……」

　　換句話說，1980 年之前海參坪的施家只是「討吃」而已。當我問及為何施家 1980 年離開綠島的原因，施的回答大致有：

　　1. 生活困難；2. 交通不便；3. 流氓犯人時有越獄事件發生，施家單獨在海參坪，心理壓力大。

　　施勝文小時候除了天天來回公館走山路之外，「走海岸線。從我家經柚仔湖、楠仔湖，再爬上觀音洞。那時候，柚仔湖與楠仔湖之間有個小吊橋，是用釣魚絲粗線綁的；從海參坪沿海岸走到柚仔湖的那一段，退潮時分可以走路；漲潮時就得游過去。從我家往南走，穿越睡美人的頸洞，翻上垃圾場那條路，走到溫泉部落。從溫泉另有路，走往南寮（過山古道）或龜灣（另條已廢山徑）……」

## 海參坪的生態特徵

　　就東海岸生態而論，海參坪北端幾座高大的「火山頸岩」（仙疊石）本身，著生有海崖、岩生植物，以離海平面較高的高度，相當於後岸的海岸灌叢或岩

海參坪的火山頸岩造形奇特、節理美妙，民間特編杜神話故事「仙疊石」來強調，可惜一般遊客不願下走至此。（2014.9.3）

在睡美人尖下瞰哈巴狗岩，見一海蝕洞。海蝕洞下棲居一隻巨大的蘇眉魚。
（2014.9.3）

生植被（《綠島海岸植被》217-219 頁）。海參坪則因仙疊石這數塊
高矮不等的火山岩塊，干擾或破解東北季風的影響，因而北
段貝殼砂多淤積於珊瑚礁岩間，以及後方的砂灘上，而且，
高麗芝優勢社會盛行。

　　從公路（海崖頂）旁，俯瞰南北縱列的海參坪海灘，人們

會發現，靠近睡美人頭的南段，海灘分外雪白，也就是欠缺植物的裸露砂灘帶；反之，靠近仙疊石、觀察者腳下，乃至看不見的近處（北段），則由低草高麗芝等，鋪陳綠地毯。這就是仙疊石的效應。而仙疊石號稱是沒有爆流出來的岩漿凝固而成的，其解說詳見《綠島海岸植被》161、162頁，包括人們編杜的故事。

海參坪除了後來已成不切實際的「海參」之外，潮間帶間，特別是哈巴狗、睡美人頸周遭，也是早年採集食用紫菜的地區之一。

至於陸連島的「放羊仔山」（哈巴狗岩），退潮時可直接走過去。而從睡美人岩胸尖附近，下瞰不成狗形的哈巴狗岩，或從海參坪南端，近睡美人頸洞口附近，都可看到在「哈巴狗耳朵」的下方有個海蝕洞。海蝕洞下方海域，施勝文敘述：

「那裡有一隻巨大的蘇眉魚，綠島海域殘存的最後一隻，超過1百公斤重。我聽漁夫們說，哈巴狗下方，最多時他們看過7隻。他們不知牠的珍貴，大家聯手用3、4隻魚槍鏢上來吃，現在只剩1隻，隨時性命不保……」

蘇眉魚是什麼魚，綠島海域真的只剩下1隻嗎？

## 蘇眉魚 (*Cheilinus undulatus*)

蘇眉魚的拉丁文學名如上列，學界的中文俗名叫做「曲紋唇魚」，其他俗名計有：龍王鯛、蘇眉魚、拿破崙魚、珊

**蘇眉魚。**（鄭明修提供，特此致謝！）

瑚魚等等，俗名多依其外形或生育地來稱呼。蘇眉魚分佈於印度太平洋區，由東非、南非、紅海、斯里蘭卡以東，越南、菲律賓、印尼、馬來西亞、泰國等東南亞，乃至澳洲、馬里亞那群島、所羅門群島、加羅林群島、馬紹爾群島、夏威夷群島等等，甚為廣泛。

　　牠是大型隆頭魚的一種，也就是「額頭」突出，台語叫「叩頭」類。牠可以長到 2、3 公尺，重達 2 百多公斤，然而牠個性溫和，據說「智商高」，外國的潛水勝地常見有所謂「人、魚接吻秀」，讓潛水客與蘇眉魚玩「親親」的遊戲，每次收費 100 美金不等，久來被奉為海底「金雞母」、明星行列。

　　據說蘇眉魚雌雄同體，雌性先熟，可以改變性別，但大

部分蘇眉魚出生後性別保持不變，只有少部分成年雌性魚有機會變成雄魚。而其肉質聽說細嫩，遂成為「高級食用魚」，被各國大肆捕撈而瀕危，早經 IUCN（國際自然保育聯盟，由朱利安·赫胥黎於 1948 年，假法國楓丹白露所倡辦，是世界上目前為止，歷史最悠久、組織最龐大的保育團體，全球雇員多於千人，總部位於瑞士格朗，它的會員包括 200 多個國家或政府機構，千餘個 NGO，以及世界上大多數國家的 1 萬 1 千多名科學家委員會的會員等。1999 年 12 月 17 日，第 54 屆聯合國大會授予 IUCN 作為國際政府間組織，永久觀察員的地位），以及 CITES（1963 年，IUCN 各會員國政府起草簽署了 Convention on International Trade in Endangered Species of Wild Fauna and Flora，簡縮為 CITES，也就是《瀕臨滅絕野生動植物國際貿易公約》，1975 年起正式執行。由於是在華盛頓，由各國代表完成簽署的，所以又被稱為 "華盛頓公約，Washington Convention"）列為保護行列之一。

　　台灣呢？由於過度捕殺，台灣珊瑚礁學會持續十餘年在台灣本島、綠島、蘭嶼、澎湖群島、小琉球、東沙環礁等 30 多處海域，進行全國珊瑚礁總體檢活動，竟然從未在穿越測線上登錄到蘇眉魚的蹤影。後來訪查各地潛水射魚的漁民，以及潛水業者的多年觀察記錄，估計成熟魚隻不及 30 條（鄭明修，2014；2、3 頁）。

　　因此，該學會於 2011 年 4 月去函農委會林務局，申請將蘇眉魚及隆頭鸚哥魚，列入保育類野生動物名錄。2014 年 7 月 2 日，公告成為台灣首度列入的海域保育魚種。

　　而 2014 年 7 月 2 日的報導說（《中時電子報》）：「30 尾又少 1 尾了！」因為恆春漁民趕在保育令生效的前一夜，下海獵殺了 1 隻。據說墾丁海域不超過 6 隻。

　　2015 年 1 月 14 日《聯合報》報導，台北市一家知名海鮮餐廳推出蘇眉魚販售，1 公斤售價超過台幣 6 千元！（註：販售或食用蘇眉魚可以處 6 個月以上，5 年以下有期徒刑）難怪中研院鄭明修研究員感嘆台灣：「只有海鮮文化，沒有海洋文化？」

## 綠島的蘇眉魚

　　綠島國小姚麗吉校長（2014.11.7 口訪）呼應了綠島剩下一隻蘇眉魚的說法：「大約 1991 年，我表哥他們三人聯手下海，打殺一隻蘇眉魚上來。那隻重為 98 台斤。我看見舅舅是用鋤頭挖掘，才能將鱗片掘起，一般的刀子都沒轍。我 1995 年離開綠島，而我再回綠島工作時，我聽鄭老師講，如今綠島就只剩下哈巴狗下面那一隻了！」

　　「小隻的蘇眉魚還有。小隻的我們叫牠『泰國龍王』或『龍王鯛』，一般我們不抓牠，因為牠的骨頭是淡綠色的，不能上供桌拜拜，只能吃，還有其他幾種魚，也因為骨頭綠色，不能拿來拜拜。還有，上供桌的魚必須是全隻完整的，不能切片，大魚沒那麼大的碗盤，通常也不上供桌……」

　　如果綠島真的只剩下一隻蘇眉魚，則如何繁殖、續絕存亡？而且，動物不多存有「最小可存活族群」的數量極限嗎？則是否必待熱帶海域再遷移而來，才可能重新建立族群？還是可以孤雌生殖？

　　人類畢竟是陸域生物，且現今地球生態系的研究、理解，最大的盲點是海域與熱帶雨林。

　　我請教深諳海域，一生很長時段是在海中討生活的蔡居福先生。

「蘇眉魚？喔，依我判斷，成魚在綠島海域差不多12、13隻還有啦！但牠們比較分散了。這十幾隻大約在5、60公斤左右，我前幾天看到的那隻，差不多60多斤有吧，是在綠島南邊雞仔灘（註：即龜灣潛水地）。」

「牛頭山下的櫻門岩附近，我19歲時（註：1964年）一次看過1、20隻，現在算一算可能剩下3、4隻。」

「龍頭鯛（註：可能是蘇眉魚未成年者）會在水深約8、9公尺處吃珊瑚；蘇眉魚則多見於水面下20公尺、20多公尺深。」

我問：「綠島不是只剩下哈巴狗底下那一隻嗎？」

「沒有啦！只是比較分散而已。滾水坪下方也有2、3隻，只是比較散佈而已。以前一群大概都是4、5隻，現在多固定1、2隻而已。」

我再問：「蘇眉魚是否會變性？」

居福伯答：「應該不會變，但會變色啦。牠呈現藍色，那類龍頭魚都住在7-10公尺深；20多公尺深的，顏色變得較咖啡色……」

我在訪談時未曾對魚名、是否同一種追問，故以上可能有誤。由於我不諳海底世界，以下但就居福伯仔的說辭記錄：

1. 過往幾十年來，台北等各地水族箱販售的熱帶魚類，如果是來自綠島捕抓的，由綠島寄運往台北的死亡率至少約4分之1；若由老手如居福伯仔自己運送，則耗損率降到20分之1。

2. 綠島沿岸水深2、30公尺內，皆可捕捉觀賞用熱帶

魚。

3. 綠島沿岸海面下珊瑚最美麗的勝景範圍約在 17-20 公尺深，最龐大的珊瑚約在 30-40 公尺深；5、60 公尺的珊瑚量少，屬於軟珊瑚，像草的樣子，而淺水珊瑚像鹿角，多屬造礁珊瑚；7、80 公尺深就沒珊瑚了，海底都是砂埔加石塊；一般解說鉅大的「香菇頭」什麼千年、萬年，我看都是隨便喊的啦！

## 睡美人岩

如同牛頭山，睡美人岩也是曾經的海蝕平臺。要到睡美人胸尖附近，可由公路旁一條往垃圾掩埋場的道路直進，而道路右斜下即是往掩埋場；不下掩埋場則到路盡頭的水泥矮牆。跨越矮牆即往睡美人胸尖的低草生地區。

睡美人胸部區即海崖頂平臺，而略有高低起伏。海崖南側可下瞰垃圾掩埋場址，以及東海岸南段，秀麗的陸、海、天連體數大；在胸尖及海崖北側，則可賞玩東海岸北段美景，特別是海參坪、仙疊石區，以及北段的海崖。

然而，垃圾場道路一般不讓遊客進入，似乎不屬於觀光景點，而且，掩埋垃圾區的臭味依不同風向傳遞。

睡美人海崖頂植被以俗稱的「草原」為主，我一般不寫「草原」，而寫「低草生地」，因為全台灣、綠島的地理位置，並不存在氣候條件下的真正「草原」（這是全球植物生態的專有名詞）；在台灣的環境條件下，任何地區只要土壤化育、演替時間足夠，終極的植物群落殆為森林。台灣的森林被摧毀之後，次生演替長出的草本社會，都是高大的草種，然後

灌、喬木也混生其中，等到灌、喬木長高，遮蔽大部分直射的陽光，這些早期的高草也將式微、消滅，改由林下草本進入，而這些變化都是漸進且存有重疊的時空。

而綠島或全台灣各地，存有一些低矮的草本社會，是因為特定的壓力，最主要是放牧、火災週期頻繁、人為踐踏等等因素下，迫令高草長不出來，或長出來卻很快地被消除，例如羊隻啃食，逼得在羊嘴結構造形的限制下，如高麗芝等貼地的草本（羊嘴吃不到）社會應運而生。一旦放牧等外在壓力解除，高大體型草、灌木等，就可以生長，這些匍匐貼地的矮草也會被淘汰。

台灣在放牧壓力下，最常見的低草生地社會即竹節草，全台低海拔最常見。竹節草的葉叢低矮，只在開花結實的時段，抽長單一稈花莖拔地而出。

睡美人胸部的低草生地，以高麗芝社會及竹節草社會為主，也有小面積（微地形）的中等體型的扭鞘香茅社會。在此等低草生地中，放牧壓力下，也有台灣海棗灌叢正在緩慢發展，特別是在海崖邊緣的部位。

然而，即令放牧的羊隻等移除，由於東北季風強勁、海崖立地條件，夥同小海島、火山岩等各種環境因素，綠島的次生演替速率相對緩慢。

另，睡美人頸部海蝕洞的海岸、海崖下，誠乃綠島勝景的一部分，筆者等在調查時，係由垃圾掩埋場道路騎機車，循路下至掩埋場鉅大的擋土牆邊，再循其下方下至岩岸，繞經海浪沖蝕的海崖下小路，走到睡美人頸，乃至穿洞而抵海參坪或哈巴狗岩。這段海崖下段的接海處，直似鬼斧神雕、

美不勝收，常見特定在地人或遊客在此垂釣。然而，必須特別呼籲遊客，不宜貿然前來，最好在綠島人陪同下，於退潮時段、安全確保無虞下，才可小心賞玩。無論如何，親近自然特重謙虛、審慎，始可如如自在。

# 🌿9. 溫泉部落（大湖）南、北段落

綠島東海岸大致南北縱走，卻在南段的中偏北部位，向西內凹，形成一處近乎直角的角灣，也就是大湖或溫泉部落之所在。

大湖凹灣形成東海岸擺脫強烈東北季風的影響，也令北上的黑潮竄出沿岸渦流，就地形而言，我會下達大湖在原始時代，很可能具有茂盛的海岸林。

大湖部落以北，至睡美人岬轉角的段落，特別是「孔子面壁岩」以南的小凹灣，個人認為，由於自海上而來的東北季風，遭遇哈巴狗大岩塊（山）的阻擾，力道、方向大亂，或形成複雜的各種渦流，此一小凹灣以迄大湖溝、大湖段落，海岸的風力最小，因而在環島公路 11K 以上或附近，形成全國最高的水芫花植株，而且，大湖溝北方的尾湖溝，殘存有一小片海岸林「蓮葉桐優勢社會」，至於棋盤腳社會，我認為是被泉州人所剷除。

以上，大致是本段落最重大的生態特徵。這一段落的海岸地景寬闊朗朗，但較缺乏多樣性，以致

一般遊客多只騎車飆過，或許如此，2 處迷你景點竟成景觀介紹的焦點：孔子面壁岩及火雞岩（駱駝岩）。

## 孔子面壁岩

　　從垃圾場路口下來，環島公路一路下坡。繞過一突出岬角後，公路坡度趨緩，及至尾湖溝附近（遊客摸不清尾湖溝在何處，反正繞個小彎後，往東北方向看，若可看見一條海崖向海端即可），海崖前端若見有一小塊直立修長石塊，緊挨海崖壁，是即「孔子面壁岩」。綠島人原稱呼此處為「險地」。

　　是黨國教科書時代，某一畫家想像畫作所謂的孔子立

**孔子面壁岩。**（2014.9.8）

**火雞岩**。（2014.9.3；楊國禎攝）

像，留給台灣人的刻板印象所造成。海岸東北望所見，神似
束髮衣袍的「孔子」面壁，但從一些角度看，綠島人說更像
是「孔子面壁尿尿」模樣。

　　而眺望孔子岩的海岸，正是全國水芫花生長得最高大的
區段，我量過的一株，高達約 3.5 公尺。

## 水芫花 (*Pemphis acidula*)

舊世界熱帶至亞熱帶海岸珊瑚礁岩上的半灌木至灌木，全球 1 屬 1 種，簡直是純為珊瑚礁岩量身訂做的阻浪綠籬。台灣見於恆春半島、蘭嶼、綠島、小琉球海岸。綠島人稱之為水金京。

它的生態區位 (ecological niche) 狹限於大浪潮打得到的礁岩上，全株已適應海岸環境特徵下的岩生植物，因而有些人移植到非海鹽能及處，則不易成活，栽植初期還得灑澆鹽水，再慢慢稀釋至無鹽水。也就是說，它已特化為海岸礁岩的指標物種。

因此，它存在於生理旱地，全株水分含量少，可以直接採摘來當柴火燒。原本環綠島一周的海岸線上，只要有珊瑚礁岩即存在完整的「水芫花優勢社會」，大部分植株毀於 2 百餘年前先民乃至 1980 年代的柴火使用，1990 年代又遭園藝盆栽界大肆採植。今則保育之。

相關資料詳見《綠島海岸植被》148-158 頁。

## 大湖聚落

大湖是綠島先民拓墾後期才建立的聚落，由中寮、南寮翻越山地，來到東岸，因此，大湖也叫做「過山」，而所謂「大湖」，意即除了西部之外，此地是東岸面積最大的海灣平原之意。至於也叫「溫泉村」，那是取義於臨近「朝日溫泉」的村落。

環島公路（台東 90 號公路）11K 附近向海處有座涼亭，向

**全國最高的水芫花植株，由楊國禎教授作對比。**（2014.9.3）

陸側不遠處即「過山古道」的入口。再沿公路南下，即抵大湖聚落。聚落外圍有家雜貨小店，店家是澳洲人，已住 2 年，之前，則是蘇俄人。2014 年 9 月 3 日下午，筆者向該老外購買涼水消暑，想起綠島無政府主義，或已由白種人獨居太平洋濱，而踵繼鄭氏王朝遺風？！有趣。2015 年 9 月 8 日，赫然發現該店已輪轉為一位「法國人」管理！

## 迷你火雞或駱駝岩

　　過大湖聚落之後，大約在大湖與朝日溫泉區之間偏南，開闊公路左側的海岸線旁，兀立略為隆起的火山岩塊，左側一小塊岩石，以其外形，或可聯想火雞或駱駝，悉聽尊便。

　　事實上若沒人導遊，一般遊客很難找出這塊離公路一段距離的「象形小岩塊」。

又稱海梅的水芫花。(2014.9.3)

# 🌿 10. 朝日溫泉與帆船鼻

　　火雞岩之後再南下，已接近綠島東海岸的南端。在綠島東南尖端帆船鼻之前，正是有名的朝日溫泉區。「朝日溫泉」是承襲日治時代日人命名的「旭溫泉」，因為此地為東海岸，地迎朝陽或旭日東升。綠島先民初到此地，驚訝於海水溫泉汩汩冒出，好像水煮開來一般，故而台語叫做「滾水仔」（燒開冒泡、滾動的熱水）。

　　聽說這類海水溫泉，全球只發現三處（註：依理性、常識，立即可斥為隨便說說！），而綠島之海水溫泉屬於硫磺泉，據說水溫在 53-93℃ 之間。其最早發現溫泉處，在於潮間帶珊瑚礁岩之間，亦即今之圍以 3 個小圓圈露天浴池處。

　　筆者來此泡浴 2 次溫泉，姑且不論誇張的廣告用詞，個人最激賞處，在於山海交界的大塊天地已值回票價，何況，在此大洋之濱，也可回溯綠島地體 2 百多萬至 50 餘萬年前，海底火山的「餘溫」！但紅塵洗不盡，心遠地自偏。

　　而從溫泉區停車場登高，翻上帆船鼻海崖頂之前，溫泉園區之以海邊植物馬鞍藤等，所進行的綠化甚為成功，值得肯定。

　　溫泉區上段的大型浴池處，可坐收海崖巨岩與浪花激盪，夜間月出海面，允稱勝景。

朝日溫泉區。(2014.9.3)

## 帆船鼻（翻船鼻）

　　綠島的東南岬角帆船鼻亦為勝景區之一。

　　就相對位置而言，帆船鼻之於綠島形同鵝鑾鼻之於恆春半島，不同的是，地理位置讓帆船鼻「正路衝」黑潮主流；地形上，帆船鼻近乎垂直的海崖，大約也是 3 萬多年來，相對挺高為現今的海拔高度。

　　關於帆船鼻，我最想介紹的是黑潮的觀察，以及鼓舞更多獨木舟或帆船愛好者，前來衝破黑潮「流障」。這是老天賦予台灣珍異的瑰寶，不僅見證自然奧妙，也可喚醒台灣國魂，體悟鄭氏王朝的開國精神，恢復我台灣海洋文化及冒險患難的勇氣與精神。

　　本書二章 2 節已就黑潮與帆船鼻作過簡介。已知黑潮穩穩的流速，每秒鐘介於 0.4 到 1.5 公尺之間，一個小時流走 1.44 到 5.4 公里遠，可以比一般人走路更快，以人力要與之對抗，只會是耗竭而任其漂流啊！

　　過往我 3 次到綠島都佇立船頭，想在海面上搜尋黑潮邊界激起的浪痕或色澤，但苦於無法驗證。而立足帆船鼻則海天盡收眼底，黑潮邊際流動線歷歷在目，最佳觀測點在於帆船鼻海崖頂東北側邊緣，另可觀察左側崩崖大面積土石崩落

**帆船鼻海崖上，傘兵已廢棄的碉堡。**(2014.9.3)

**帆船鼻的散兵坑。**（2014.9.3）

的地景。

　　帆船鼻的一般地景固然是低草生地，它的成因與牛頭山等等一樣，散兵坑、碉堡等，也是 1984 年前後，傘兵部隊所設置。

　　帆船鼻海崖頂的西南側下瞰，可見一海灣，海灣珊瑚礁上，擁有大片完整的水芫花社會，水芫花社會之後是一帶貝殼砂的無植物帶，之後再進入砂灘植物帶，以及林投灌叢帶，典型的海岸植被系列。

帆船鼻下瞰「山豬岩」。（2014.9.3）

　　而這個海灣的西南界，有塊鉅大的火山岩，外型像是面朝海洋的大山豬，姑且名之為「山豬岩」。山豬岩往西，即進入紫坪（或左坪）海岸。

　　自此海灣開始，往西，已歸屬於綠島的「南海岸」。

# 🌿 11. 紫坪與南海岸

　　綠島外型有如略不規則的梯形，北海岸與東海岸各自以東西及南北走向，約等距直鋪，但南海岸的西大半缺了角，真正方正的南海岸只有從帆船鼻到紫坪溝以西，大約 1.5 公里的海岸線，但先前筆者將紫坪溝經大白沙，到龜灣鼻這段視同南海岸。

　　南海岸從東南角帆船鼻到紫坪溝以西這段落，表面上正是直接對衝黑潮的部位，如同恆春半島之面對巴士海峽的貓鼻頭到鵝鑾鼻段落，但潮流顯然有別。

　　不知是否黑潮直衝的關係，紫坪溝附近的海角，舊地名叫「摃破番船」，而大白沙外側海域有塊礁石叫做「海翁礁」（註：鯨魚礁）；相對的，恆春半島東西兩頭尖的中間內凹處叫「南灣」，日治時代是台灣唯一捕鯨魚的港口，或說黑潮時而將迷航的鯨魚，送往南灣或綠島南海岸。

## 紫坪生態介紹

　　為何叫紫坪、紙坪、祖坪等，今已不可考？

　　紫坪原本住有何姓家族的 3 棟房舍，早已遷廢（1979 年遷離）。要前往紫坪有 2 條路，其一通常沒人走，是從前往帆

紫坪棧道末端曾經的雙層涼亭。(2014.9.4)

船鼻入口處右側，也就是帆船鼻海崖，循崩積土小路，走下前述的海灣，再沿著珊瑚礁岩後方的海灘，穿經山豬岩下西進；另一條則是風管處設置的木板棧道，由公路旁的入口處步行下抵。

**紫坪棧道入口。**(2014.9.4)

　　循著棧道下走，兩側天然生的次生小喬木多為稜果榕，人為刻意的植栽是蓮葉桐。下至一座大涼亭處，再往下即海灘。這段落比較特殊的是存在多株灌木：蘭嶼木蘭，必也是黑潮從蘭嶼攜來綠島的海漂物種。

　　就我個人來說，紫坪是個世外桃源，給我一種親切又遙遠的親疏感，親而不暱、疏而不離，很真實、很寫實的海岸

植被完整區；又像夢境，因為它的臨海珊瑚礁岩直到內陸砂灘處，依然泡浸在海水中（註：當然跟漲退潮，訪調的時刻有關）。有了海水鏡面，讓礁岩上的水芫花叢，多出了藍天為背景的倒影，美得脫俗，美得淨化。

我相信紫坪的珊瑚礁岩區是目前，全綠島縱深最寬闊的地區，中央部位，潮池最深入內陸；旁側的礁岩，則是水芫花植株全國密度最高之所在，寬、廣度充分的面積數大。也就是說，紫坪的水芫花社會存有兩大類型，一類是櫛比鱗次、閉合接連成綠蓋；一類是寬闊開放的潮池中，散佈著大小叢不等的水上礁岩盆栽，恍若仙境。而密閉式社會的立地較高，它是海退或陸升階段的作品。

我推測，目前潮池中盆栽型的礁岩水芫花社會，數百、千年後，會形成如今的乾旱型、積砂區的密閉式水芫花社會，而且，陸域已朝海上推進數十、百公尺遠。這裡是陸、海討價還價，拉鋸張力劇烈的自然戰場。

潮池帶的向海部位，水芫花無能生長的潮間帶，平整的珊瑚礁岩向海推出至少百公尺以上，於是，漲潮、暴風浪潮帶來的貝殼砂粒，逐次堆聚在礁岩潮池坑，創造出積砂穩定的水中生育地，孕育了海水生維管束植物的「泰來藻社會」。

關於泰來藻（*Thalassia hemprichii*），它是多年生海域的沉水植物，分佈於印度、馬來西亞、東南亞、台灣、琉球海邊。它及其社會的生態內涵，詳見《綠島海岸植被》142、143頁，或陳玉峯（1985）《墾丁國家公園海岸植被》84-86頁。

然而，2015年8月8日超強颱風暴浪，將原先稍大面

積的泰來藻社會淘除了大部分，只剩下面積 2×2 平方公尺
的殘存，且空間已位移。至少可以確定，在強烈颱風的洗禮
下，泰來藻尚可勉強續存（2015 年 9 月 8 日記錄）。

　　再度說明一次。

　　紫坪海岸面向正南，對衝黑潮主流。海水直衝紫坪中央
部位，故紫坪區的中央部位潮池最深入內陸。內陸潮池之
側，擁有現今全國最密集的水芫花社會。紫坪潮池區甚寬
廣，長達 1、2 百公尺縱深。因此，低潮線下淤沙的潮池孕
育有海水生維管束植物泰來藻。平均高潮線以上地區的礁
岩，由海邊向內陸，漸次聚生水芫花族群。面海第一道水芫
花，普遍出現「風切面」的現象（陳玉峯，1985；41-44 頁）。

　　中央水芫花族群，處於潮池上的開放型社會，寬約

紫坪密朗到不行的水芫花社會（2014.9.4）

40-70公尺，植株較矮；旁側密閉型水芫花社會高度約 1.5
公尺以下，林下幾乎填滿貝殼砂。此密閉社會縱深長約 40-
100公尺不等，而最高水芫花的植株約 2.5 公尺。

　　水芫花帶之後即砂灘，砂灘前帶無植物，後帶即海埔
姜、馬鞍藤植物社會。然後，進入林投灌叢帶，乃至全面的
次生林──稜果榕優勢社會。

## 稜果榕林下的沉思

　　歷經 35 年左右的農耕荒廢後，田地上次生演替為稜果
榕優勢社會。而 1990 年代，中央單位前來「挹注」地方，
斥資興建棧道、涼亭等小工程。於是，施工者剷除稜果榕的
幼齡林，種上他們要的行道樹。於是，再度發生次生演替，

2014 年 9 月 4 日調查的海水生泰來藻社會，2015 年 8 月
8 日遭颱風暴浪刮除，只剩位移後一小塊族群。

芒草、月桃、蔓藤、稜果榕等再度「辛勤地」拓殖。植樹單
位為了照顧人造植栽，花了幾年除草、切蔓，好讓行道樹長
高。

　　因此，施工種樹的兩側長帶，迄今停滯在芒草與林投
等，約 2.5 公尺高的高草或有刺灌木帶；而種樹的窄帶，頻
常施以人工除草，為的是讓人看到他們種樹的「功績」，提
醒你繳交的稅金，有一部分花在這裡，很努力地在防止土地
自然的復育。

　　2014 年 9 月 4 日近午，我調查完紫坪海岸樣區後，擬
就近調查稜果榕次生林，同行楊國禎教授堅持看完全區再擇
地取樣，我們沿棧道挺高，拾級而上。

2015 年 9 月 8 日舊地重遊，原涼亭已遭火焚，改以新亭。

　　就在棧道旁，高草、林投遮蔽處，楊突然決定切入他認
定是昔日梯田處。於是，我們撩撥惱人的刺葉，強硬穿越。

　　五節芒高草通常在午後 2、3 點鐘前，由於水分蒸散尚

涼亭旁林投社會亦遭火燒。（2015.9.8）

未過量，因而長葉堅挺，連帶的，葉緣細刺活似細齒銳鋸，即便輕拂而過，以角度緣故，常割得手腳、臉部粒粒迷你血珠冒出，我數十年經歷莫不如此。只在午後 3 時以降，它們的葉刺才會稍加收斂。

正當我卡在林投盤虬莖幹、芒草葉拂面而來的時分，手機響起，好不容易掛收手機，始告穿越糾纏帶。

事實上這段密刺蝟集的灌叢帶，寬度不過約 3 公尺。一過了障礙帶，迎面而來的次生林相豁然開朗，不僅層次結構井然有序，林下姑婆芋按部就班，空間開闊、暑氣全消。

楊教授拉著姚麗吉校長推銷天然次生林的奧妙，他強調

台灣錯誤的自然教育跟政治一樣齷齪與黑暗，總將天然森林抹黑成荊棘遍地、窒礙難行，甚至於恐怖陰森、危機四伏，事實上全是胡說八道，而只為人本霸道表面底下，特定官商勾結，才能永續造林，謀取暴利。

　　超過半個世紀了，台灣始終在洗腦種樹、造林的「好處」、「善行」，而不願意去分辨事實真相，更不想瞭解自然演替。我們運動、教化了 30 年，只讓社會記得半套的本土種與外來種，也讓所謂的環保團體得到「砍樹就是錯、種樹就對了」的盲目。

　　我一生為樹木、草花、灌叢，找尋天賦植物的生存權，數十年搶救天然林。世紀交替前後，我不斷宣揚「造林即造孽、放生即放死」、「土地公比人會種樹」，從學理、事實到哲思、宗教，喚不醒土地倫理、自然情操，最大的關鍵在於體制教育！暴政可以屠人九族，毒化教育卻可汙染世世代代！

　　我坐在稜果榕樹下，登錄著 5×20 平方公尺範圍內，南向梯田天然長出的次生林一草一木，楊幫忙檢視組成與數量。這片生長了 1、20 年的次生林，樹木層最高約 9 公尺，總覆蓋度（枝椏樹葉佔 100 平方公尺內的投影）佔約 95%，或說，雨滴要直接從天空打到地面的機率是 5%；樣區範圍內共有 15 株稜果榕（它們的種源，最大比例可能來自鳥類、哺乳類動物的傳播）、4 株血桐、1 株欖仁、1 株尚未被淘汰的林投，灌叢時期殘存的蔓藤仍佔不少的覆蓋度，物種如漢氏山葡萄、海岸烏斂

次生林稜果榕社會下的沉思。(2014.9.4)

莓，這 2 種覆蓋度約佔 18%，其他如雞屎藤、山葛。第一層少量伴生者如月桃與大葉樹蘭，前者是蔓藤、灌叢前一時期的殘留；後者是未來海岸林林下的普遍小喬木。

　　這個次生林的社會空間結構，我將之分成 2 層而已，也就是稜果榕佔絕對優勢的喬木層，以及以姑婆芋為主的草本及灌木混生的林下層，所有林下層的植物株高皆在 1.5 公尺以下，而且，林下層的總覆蓋度在約 45% 以下，也就是說，

人在森林下的行走、活動空間，至少佔一半以上。這就是為
什麼前述，我們進入寬敞、舒適的森林內的感受。

　　林下層除了姑婆芋以外，少數的稜果榕小樹還想脫穎而
出，但這算是現行優勢喬木稜果榕族群發展的強弩之末，這
些稜果榕小樹業已錯過時機，不久的將來，將因為直射陽光
的不足而死亡，除非喬木死亡、再度被破壞，而讓陽光在它
死亡前大量挹注。

　　林下層也有大葉樹蘭，它是耐蔭的林下種，所以它會繼
續發展。林下草本還有傅氏鳳尾蕨、海岸烏斂莓、爬森藤、
海金沙等，物種少，歧異度低。

　　我估計，未來 1、20 年內，耐蔭的大喬木種源進入後，
或將萌長出毛柿、皮孫木、茄冬等等，接近海岸熱帶雨林的
苗木出現，也可寄望大約 3、40 年後，發展出 3 或 4 個層次
的後期森林，也就是接近原始林相的最完美天然林。

　　然而，如果政商夭壽，又來造林造孽，數十年自然營力
再遭破壞，一切又將從頭再來，還要歷經五節芒、月桃等次
生高草期，轉進稜果榕次生林時期，再緩慢地，朝向天然林
發展；如果，人們加蓋了建物或任何土地利用，則自然生機
滅絕。

　　我寫著這些自然生態的 A、B、C，很痛苦，但不得已。
因為毒汙教育下，教授、老師們心目中的自然，是幾棵他們
認為漂亮的、有價值的喬木（卻不應該存在的外來種，或在地外來本
土種），加上像紐約中央公園的低草草生地。可以坐在樹下野
餐、彈吉他、休閒。全國我估計，大約 9 成 9 的教育人員、
公務員、景觀設計師⋯⋯，都是這類將溫帶刻板的印象，強

硬要求亞熱帶、熱帶台灣的土地，長出他們要的北京、南京、東京、紐約、多倫多等等的變態園景。

很痛苦！因為現在幾乎也沒有年輕人有耐心看完幾百、千字的短文，更不要說他們已然全盤接受多年的汙染教育。所以 2015 年的外來政權竄改歷史，硬要瞎掰二次大戰期間台灣人民參加了「抗日戰爭，打敗日本鬼子」！所以，心智毒汙教育部 1980 年代暨之前是「政戰部」，解嚴迄今是「統戰部」！所以，1970 年代迄今，從黨外走到執政二度的民進黨官僚，口口聲聲的「生態」，徹底是「變態」！台灣何時有本土？哪個世紀有主體意識？我天問了一輩子！

沒有土地自然生態，就沒有靈魂主體，政客換再多，台灣的冤魂孽鬼愈積愈龐大。這是我的業障！地藏王永世的枷鎖！

2014 年 9 月 4 日午時，我還在稜果榕林下，想著三世兩重因果，不得解脫，沒有涅槃。執著念頭一起，有作用力，必有反作用力。我不必堅持，該做的就是成為演替法則本身，也就是本就具足的如如自然。

是的，不過是短短窄窄 2、3 公尺的雜草灌叢帶，分隔兩個不同時空與境界。自然天地永遠敞開無言的寬容、涵容，等著人們衝破教育雜染構築出來的有刺藩籬，只要念頭一轉，沒什麼可以執著。

稜果榕林下，我們看見散置的捕鼠籠，是當局補助，研究人員用來捕捉外來種的蜥蜴。一樣，都是共犯結構。

　　政府有些單位不斷許可、引進外來種，等到 Sigma 曲線發展成為最高產量的反曲點時，再由政府另一個單位花大錢，永續捕捉或剷除外來種，創造另類的「經濟發展」：人民樂得採擷小花蔓澤蘭，秤斤換取每年固定 3 億元的例行預算；外來種蜥蜴、垃圾魚、福壽螺、螯蝦、蟻類、貝類⋯⋯，還有每年引進難以計數的新物種，等著蔚為台灣的「新產業」，就是這樣「造福百姓」、「永續發展」！

　　這個世界上，如果消滅掉半數以上的政府，地球生界可以更美好！

## 🌿 12. 大白沙到龜灣鼻的南海岸

　　就海岸而言，要有凹陷處的海灣才會出現砂（沙）灘，這是流體的自然現象，只要有虎口地形或凹灣角度，砂粒就會在該地沉積、堆積。

　　綠島的南海岸從紫坪溝以西，開始轉走西偏北向，到了接近大白沙處又轉偏西。大白沙處勉強算是一海灣，因為大白沙的尾端又有一處海岬突出，形同螃蟹有了兩螯，因而在其潮間帶的珊瑚礁岩後方，累積了雪白的貝殼砂灘。

　　而從大白沙往西北向至石洞隧道的這段落海岸線，叫我產生一項地體變動的懷疑，也就是，是否這段落正在下沉？為何有此懷疑？

　　1. 大白沙的珊瑚礁岩區大都沉溺在潮間帶，只少部分靠近東南端海岬段落才較為出水，因而水芫花族群無法發展。相較於全綠島海岸，此現象很怪異。

　　2. 石洞隧道東南出口處，只見海崖、岩塊狀似墜落海

**大白沙潛水區步道。**（2014. 9. 4）

中，珊瑚礁岩似乎難以形成。

　　對照全島地形，教我下達近世以來，綠島之自海中，相
對隆升，有可能是以傾斜方式抬舉，也就是說，全島大致上

**環綠島海岸一周，似乎僅大白沙一地，珊瑚礁岩大多隱沒於潮間帶，夥同其他
條件，讓筆者下達這裡的海岸是正在下沉中的推論。**（2014.6.24）

是東北部抬舉，而西南部相對下沉！我非地體、地理或地質專業，只因片斷觀察，讓我如此懷疑，就此按下。

## 大白沙的故事

環島公路約 14K 附近，大白沙景觀區自公路旁循木樓梯下去。入口處有涼亭。

涼亭邊遊客可看見林投灌叢中，仍有舊建物的地基或疊石，事關姚麗吉校長親戚的不幸。

姚校長的外公姓陳。陳家祖茨即是祖居在此，後來才遷移至公館落腳。住在大白沙這裡的最後一戶，即是姚校長的大舅陳春發先生。

先前，陳姓家族在大白沙農墾與捕魚，農作以甘藷、花生為主。環島公路（1975 年 10 月全線貫通）尚未打通至此的年代，陳家人要到南寮、中寮、公館等地，須先沿著海岸小路，走到今之馬蹄橋的「大溝」，大溝在退潮時分，一塊石頭會浮出水面，行人得跳經這石塊橫越。而陳家夏秋農作物成熟後，已經遷居公館的親戚，必須划著舢舨過來，拔地瓜、挖花生。

地瓜拔出後，清洗，製成地瓜簽，在大白沙沙上曬乾，而後裝袋、船運回公館，花生亦然。姚校長回憶：「小時候，我跟著陳家人一起回來大白沙收成農作，大白沙的海灘就是我們夜宿的地方，我童年最值得懷念的時光，就是在這裡度過的！」

　　大白沙夏秋的落日、夜晚的海濤星空，必然是童話世界的仙境。

　　陳春發是長子，整個家族遷居公館後，只有老大坐守祖茨，獨戶漁耕於此，也在此屋自殺。

　　陳春發夫妻沒生小孩，領養了 2 個男孩。不知是何緣故，親子的關係惡劣。

　　陳春發臨老絕望之餘，以他平常捕魚的魚網，蓋住整個房子，然後在屋內自盡身亡。他沒留下任何遺言，但綠島傳統的習俗認為，魚網覆屋，代表永不輪迴或再出世為人，或說永不超生。他以最激烈的方式，自戕肉身之外，更自囚靈魂，可見其對人世的痛恨，已達至極程度。

　　唉！娑婆世界堪忍乎？

**姚麗吉校長說明陳春發先生悲劇故事不勝吁噓。**（2014.11.8）

大白沙陳春發先生古厝地基遺蹟。（2014. 11. 8）

## 大白沙的生界物語

迎面而來的黑潮，帶來海漂果實，也帶來種種海族。綠蠵龜在環島公路闢建之前，每年定期前來大白沙下蛋。

綠蠵龜上岸後，爬行到林投灌叢帶間，挖坑下蛋、掩埋，再離去。

姚校長敘述：「貧困年代，就在我大舅子房前的林投樹旁，我挖出綠蠵龜的一巢卵，我數了一下，大約 120 餘顆。我們拿出龜卵，使用粗鹽醃漬。雖然醃了一段時日，整個卵還是軟軟的，而且煮熟之後，一樣不會變硬，入口時，好像是在吸飲生雞蛋，更且，濃郁的腥味很難下肚，甚至很恐怖。那次之後，我拒絕再吃龜蛋……」

而我一直懷疑南海岸的最顯著的環境因素：東北季風的

背風區，以及黑潮的直衝地，究竟在生
態上造成何等的相關影響？

　　就膚淺面而言，風力小則水芫花體
型高，南海岸是有此現象，但只要蔽
風，東海岸的局部地區還長出全綠島最
高的植株；黑潮直衝，所以海漂、海洋
生物也會在南海岸登陸最多？凡此，皆
非科學論述。

　　然而，綠蠵龜之登錄綠島總計有哪
幾個地點？真的只因為環島公路完建後
就不來嗎？有可能也只是隨便說說而
已。事實上環綠島一周的海岸線，許多
段落根本就不適合上岸，只要海岸礁
岩突出於高潮線，對綠蠵龜就是天然阻
絕。而龜灣、大白沙等南海岸在漲潮時
段，綠蠵龜的確可以直接由海水中爬走
上沙岸，而不必受礁岩的阻擾。

　　而究竟黑潮直撲南海岸，有無產生什麼特殊現象？

　　依個人觀察與推測，大白沙具有全國「唯二」之一的
「灘岩」景觀，我認為有可能即黑潮直撲的效應，但有待
試驗證明。

　　何謂「灘岩」？說來可笑。

　　有次我在大白沙海灘調查，聽見旁側一群遊客有人叫
說：「真缺德，這麼美好的沙灘，竟然有人來傾倒建築廢棄
物！」

潮間帶大片的「灘岩」，是大白沙重大的地質特徵。(2015.9.8)

　　我一看，那人指的就是大白沙獨特的「灘岩」，因為它看起來就像是人家丟棄的水泥板，或工程打掉的水泥地板。

　　「灘岩」的形成，是因為浸泡在海水中的造礁珊瑚及貝殼等碎片，受到水中特定濃度以上的碳酸鈣附著，退潮後，$Ca^{++}$、$CO_3^{-2}$離子態就會因水分蒸發（日曬、風吹）而乾化且凝結或膠結，然後再泡黑潮水、再乾凝，也就是說，隨著乾、濕反覆交替的過程中，不斷黏附膠結碳酸鈣，形成一

**自然海水乾濕替換、結晶而成的「灘岩」。**（2015.9.8）

片片天然「水泥板」，而且，只要它們還位於潮水泡浸得到的位置，還是會持續「長大」。

放眼全國海岸，會「長出」這種「灘岩」的地方，目前僅知大白沙，以及澎湖的小白沙島。而我認為，大白沙之所以可以形成灘岩，有可能是因為黑潮水不斷帶來飽和的碳酸鈣離子態，加上綠島南海岸傾斜下沉的結果，否則珊瑚礁岩長高，阻絕潮水之後，殆無機會可以形成灘岩吧。

我不確定。

關於大白沙的植物，較特殊的是在大白沙盡頭的崩崖上，堆積土石中，次生長出的稜果榕社會，存在有一株「毛

花山柑」，它是環海岸調查一周的唯一，有待更詳細的野調。

《綠島海岸植被》203、243-247 頁，記述有大白沙相關資料。

## 龍蝦洞

從大白沙沿公路西北走（我們的介紹是順時針環島），很快地，在馬蹄橋之前有個小橋，橋上向崖壁側，有個海蝕洞，叫做「龍蝦洞」。

事實上從大白沙到馬蹄橋之間，高低不等的臨海海崖壁上，存有至少 7 個海蝕洞，龍蝦洞只是其一，它的由來，跟環島公路的闢建有關。

姚麗吉校長敘述：

「綠島環島公路穿經馬蹄橋附近的工程，恰好將巨大海蝕洞連通大海的洞口堵塞，然而並非全然阻絕，海潮一樣可以由底層連通，因此，洞內雖不受海浪直襲震盪，但水面跟著漲潮退潮起落。」

「1970 年代（我讀小學時），中寮村幹事陳拔山承租該洞，用來養殖龍蝦。起初放了幾百隻龍蝦苗，多年後發現龍蝦全數憑空消失，也不清楚是被盜抓或何原因。後來，島民就將此洞喚名『龍蝦洞』。」

「龍蝦無疾而終之後，陳拔山再放養了 2 萬隻草蝦養殖。然後，他身體違和，病重。他太太看他念茲在茲，就在他臨終前，雇請 5、6 個漁夫下洞撈蝦，結果，傾全力只撈起了不到 5 千隻。漁夫們看見洞中有海鰻、海膽等等，有可

龍蝦洞深入約 50 公尺縱深。(2014.11.8)

山壁內凹、下陷、通海的「龍蝦洞」。(2014.11.8)

能放蝦之後，鰻魚循跡而來捕食也未可知。」

　　「後來，另有人承租該洞的養殖權，二度飼養龍蝦，一樣破功。或也因此，龍蝦洞的地名就此屹立不搖了……」

　　換句話說，龍蝦洞的緣由是龍蝦滅族的故事，故此海蝕洞或可命名為「破龍蝦洞」或「龍蝦破洞」吧？

　　上述是 2014 年 9 月 5 日的口訪。

　　我聆聽著故事最具張力的段落，陳拔山臨終懸念他的草蝦、龍蝦「志業」，太太雇工抓蝦慰其志。姚校長沒多作說明。我想像那一幕：太太挑選最肥大的蝦隻讓他看，假裝著豐收情節……我也想到海明威的《老人與海》，浪漫主義在 20 世紀的意志，燃燒最後的精神，而不在乎魚不魚、蝦不蝦。又，「拔山」也「抗海」乎？

然而，2014 年 11 月 8 日，姚校長第二次口述的錄音逐字稿顯示，龍蝦之後的草蝦放養，數據變成放 1 萬隻，回收不到 1 千隻，而概念就是放多收少，數字是因為現代人的迷信，不得不賦予的權宜吧？！

龍蝦洞有多大，而可以放養「萬隻」草蝦？姚校長說：

「我平均每年都有 2、3 次機會，帶著朋友入洞。由路下旁側階梯下去，游泳朝洞中前進，可以深入將近 50 公尺。剛開始中間部位較淺，兩側水深。前進約 15 公尺之後，水深達約 2 公尺，最裡面則是沙岸。以能見度來說，深入約 20 公尺處已屬微亮，能見度甚差，之後必須靠手電筒照明。最底裡全暗。」

「洞口的石壁較平滑；洞內棲居有蝙蝠族群……」

至於龍蝦洞外的海崖山壁上，以芒草及台灣蘆竹最顯要。綠島的芒草類型複雜，從圓莖稈到扁稈，葉寬從 5 公分到 1 公分，葉面、葉緣從有毛到無毛，花期多變，似乎包括了五節芒、台灣芒、八丈芒、中國芒、高山芒的一些性狀，真是「茫茫渺渺」！

在草叢之中，零星的木本植物有岩生植物山豬枷、海岸灌木樹青及象牙木等。附近海崖岩隙，生長有大小不等覆蓋度的榕樹。

## 馬蹄橋

現今馬蹄橋端標示為 2002 年 4 月竣工。

1952 年 6 月 4 日開始，政治犯投入公路闢建。1956 年之後，執行公路拓寬工程。1969 年，軍方綠島指揮部

協助開闢環島公路；1975 年 10 月，環島公路全線通車。之後，各段落陸陸續續改善、改線、維修、新建或補強各類工程。

　　原本公路到此是內彎進山壁，形成一個大 U 字形彎，但因 U 字的東南端經常山崩，後來才斥資興建橫跨大海溝（綠島人叫做大溝）的馬蹄橋及無名橋，大溝上的橋沒有名稱。

馬蹄橋。(2014.9.4)

　　1975 年 10 月之前，從北、西海岸要到大白沙，必須穿越無名橋下這條大海溝，因為退潮時，海溝中間的大石塊露出水面，適可踮腳跳躍而過。

　　大約在馬蹄橋、龍蝦洞附近的公路上，曾經發生狂浪將人車撲捲下海的事故，也就是颱風天回南之後，狂浪打上公路，將警車及 2 位警員打落海中，兩人皆殉職。此外，颱風天也曾發生工人被浪捲走。據說此地在公路開通後，死難事件共計 3 次。

　　關於馬蹄橋、大溝及龍蝦洞的故事，另請參看林登榮的《綠島傳統地名》72、73 頁。

## 石洞隧道

　　過了馬蹄橋之後，繼續朝北西走的公路，來到了環島公路唯一的隧道——石洞隧道，但現今的觀光業者將其炒作為「大哥隧道」，以為該洞是流氓大哥受刑人所開鑿，事實上有誤。

　　1951 年 5 月 17 日，第一批台灣的政治受難者近千人，被船運到綠島登陸，展開 15 年的勞改、洗腦的折磨。隔了年餘，1952 年 6 月 4 日以降，他們勞動的工作項目增加了一項艱鉅的工程，協助地方開鑿公路。

　　政治犯開鑿到今之石洞隧道前（他們是由西北往南東方向闢建的，也就是反時針方向），今之隧道係完整的石頭山。原本公路將環臨海海崖繞轉，但剛彎繞過去立即碰到凹陷，於是試著架鋼筋、鋪水泥，但愈過去愈形破碎，不得已放棄，改採爆破、打穿岩山。

**石洞隧道**。（2014.6.24）

　　因此，若要名符其實，此隧道或可名之為「新生隧道」
或「政治受難者隧道」？！

　　隧道內靠山側，見有一古老的海蝕洞，岩隙滲出地下或
岩隙水，而長出鐵線蕨。隧道的東南口仰望懸崖洞口，依循
不同時刻的光影造型，出現彷彿台灣地圖的象形，銘記著台
灣的胎記？在此東南口下眺落石與海浪，海景另有一種意

境。

從東南口觀察隧道上方，赫然發現隧道上方的鉅大岩塊，事實上恰與左右石山呈斜直斷裂，也就是說，恰好在隧道石洞上方的那塊龐大岩塊，有可能在大地震震開的瞬間往下掉落，足以將整個隧道封死。而目前看來，由於鉅岩塊上方較寬，下方略窄，足以卡住而不會下掉。然而，我建議，發生任何等級的有感地震時，千萬不要滯留洞內，一有察覺立即飛奔向外，當然出洞仍有可能遭遇落石。無論如何，此地實不宜久留。

過石洞隧道後，公路在海崖腰間朝西略偏北向行進，一般騎機車遊客不會滯留此段南海岸，而繞過龜灣鼻的轉角，已經變成西海岸也不自覺。

## 龜灣

龜灣鼻之前，16K 旁有一小片昔日蓮葉桐海岸林的殘跡，但景觀上平淡無奇。

綠島人所謂的龜灣，包括自南海岸與西海岸的大轉彎地域（龜灣鼻）以東，乃至石洞隧道前的，大約 1.5 公里的海岸陸域，以及海域。

顧名思義，有可能這段南海岸，過往可能是海龜登陸產卵地也未可知？！

從綠島對外的海運總吞吐口的南寮漁港，或南寮海堤以迄綠島燈塔等西海岸中北段，只要在未遮蔽處向南望所見，綠島陸地向海伸出的那道海岬尖，就是龜灣鼻，這道山稜，即由綠島最高山——火燒山（標高 280 公尺）的海底火山岩漿

流凝打造，再經多次海進海退，形成多階海蝕平臺而成。

　　龜灣位於東北季風的背風面，礁岩上的水芫花植株理論上應長得較高。此外，就觀光而言，此段較乏多樣性。

# 🌿 13. 綠島西海岸

　　龜灣鼻之後公路北上，而環島公路的里程數也是依順時針方向增加。到了 17K 附近，例如大約 17.03 至 17.15K 的百餘公尺路段，2014 年 7 月 21 日，曾有人記錄車輛壓死了 2,247 隻奧氏後相手蟹 (Metasesarma aubryi)，是所謂公路阻截陸蟹下上海岸的「路殺」悲劇。

　　2014 年 11 月 8 日，我在綠島的調查，遇見外號「山豬」的野地、自然達人，他熱情地跟我分享他在綠島、花東，在自然保育、生態認知的心得，近年他也在綠島調查、宣導防阻「路殺」的悲劇發生，或儘量降低這些危害。

　　2015 年 9 月 8 日下午，筆者遇見救援蟹群的義工，以木條阻截蟹族走上路面，將之一一拾起，替牠們過馬路，我悲喜交加！

　　台灣在 1970 年代末葉開展國家公園預定地的調查、規劃，1980 年代展開國家公園經營管理業務，遠較之前依據文資法設置的保護區，更能落實自然資源的保育。而民間在 2、30 年來的環保運動帶動下，進入 21 世紀則有遍地開花的好現象出現，保育的風潮及實踐，已經達成一定水準，但保育文化或內在價值的部分，乃至龐雜的專業知識尚待結合。可嘆的是，全國大約 3 分之 2 的自然生態系已經解體。

　　自然保育尚有漫長的道路好走！衷心盼望現今的環境教育，得以帶進真正的土地倫理與自然情操，否則永遠只停滯在見樹不見林的浮面。

　　而自然生態系之食物鏈、食物塔，較上層或先前較具實用（食用）的物種，多遭滅絕的命運。

　　原本綠島全島海岸都有大型陸生寄居蟹的椰子蟹（Birgus latro），綠島人稱之為「八卦」，姚校長的經驗認為，從龜灣鼻北上，在公路 16.5K-18K 之間，火燒山乃至其西南方的

2015 年 9 月 8 日，義工們沿公路側設置長板條，將奧氏後相手蟹攔截捕捉，再放下海岸線，避免其遭路殺。

終生都要背殼的寄居蟹。(2014.9.4)

232 公尺標高的山頭，之朝西海岸斜下的臨海海崖、石壁隙、溪溝谷地等，例如石人（朗）溝，隱藏了許多椰子蟹，現今應該還存有其族群。

## 椰子蟹（八卦）

分佈於印度洋、東南亞以迄澳洲之間，延展至東北亞，乃至到西太平洋、南太平洋的海岸、海島。台灣原本見於東海岸、恆春半島、蘭嶼與綠島，然而，台灣本島至少十幾年前已滅絕，近年不知有無再從別地跨海拓殖？蘭嶼、綠島在人為捕食下，亦已式微。

　　1995 年台灣政府宣佈椰子蟹依文資法,列位「保育類動物」;2003 年起,綠島推動牠的復育工作。

　　椰子蟹在全球記錄中,曾列有重達超過 7 公斤、體長近半公尺的巨無霸記錄。陳章波 (2003) 估計 40 年生才能長到 4 公斤重,所以,是否可以推論牠的壽命約 6、70 年?

　　據說椰子蟹是從海洋環境,演化為陸域棲息,但必須回到海洋產卵繁殖。而一般寄居蟹一生都寄居在軟體動物腹足類的外殼中,但椰子蟹不同,牠只有在 2 年生之前有背殼行為,因為牠由卵孵化之後,身體較柔軟,需要找螺殼保護,但 1-2 年左右,頭胸甲長到約 1-1.5 公分的階段,牠可以直接以牠堅硬的外殼保護腹部,脫離了寄居蟹的習性。

　　綠島的椰子蟹每年 6-9 月為繁殖季。成熟的雌雄個體在陸域交配,受精卵仍黏附在雌蟹的腹部,如此「抱卵」的時期約在 25-45 天之間。然後,雌蟹在月黑的漲潮時段,爬到潮間帶,讓海水沖激腹部,釋放已成熟的受精卵,並孵化出「蚤狀幼生蟹」,在海中浮游約 2-3 週,最後會變態,且降到海岸的海底地帶。這時,已屬幼生期,再經過約 1 個月後,開始找螺殼、貝殼,然後移棲到潮間帶。等到長至胸甲長度接近 0.5 公分時,就再度變態為幼椰子蟹。此後,是須經過大約 3 次的蛻皮,每次間隔約 4 個月,也就是說,在孵化後,得經 1-2 年的時程,頭胸甲長,長到約 1-1.5 公分,才能脫離寄居殼,變態為成蟹,從此住在陸域(陳章波,2003;16-19 頁)。

　　椰子蟹是夜行性的海岸動物,在有椰子樹的國家,牠喜歡上樹去「啃」椰子,因而得名,但事實上牠是用雙螯去剝

撕開椰子殼，再吃裡面的果肉。在綠島，牠喜歡爬上有成熟果實的林投吃食。然而，牠什麼都吃，動植物或屍體都可。

研究者認為椰子蟹挖洞居住，獨居。然而綠島人，例如姚校長對牠的見解如下：

「椰子蟹常住在山洞、潮濕岩隙底下，鑽進很深的石縫裡。牠什麼都吃，我們以前使用鳳梨皮為餌，一夜差不多可抓7、8隻。我們將鳳梨皮等放在外面，牠們聞到味道就會爬出來。」

「椰子蟹的洞穴有特定的方位感，綠島專門抓八卦的人知道。他們要挖八卦時，都會準備樹枝，像是長果月橘或車桑子。車桑子（<u>Dodonaea viscosa</u>）我們叫它『牛擔樹』，木材、枝條硬度高，又可以彎曲不易折斷，我們拿來做牛擔子，用來挖土很適合。我有個學弟，他會判斷八卦的方位，對準著挖，他抓來販賣。」

「他曾經建了一個水泥房子，下挖1公尺深，砌上水泥，再回填土，用來養八卦，他養了3-4年。他觀察到八卦挖出的洞，每年的方向都不一樣。他養的八卦無法繁殖，只會變大。他從4兩重，養了4年變成2斤多。」

「蘭嶼（註：不是綠島）的椰子蟹是藍色的，綠島人不大敢吃！因為牠們會吃腐肉（包括人的屍體？），聽說一些人吃了八卦肉以後，身體會過敏……」

「八卦喜歡住山溝，因為有水，母蟹可以洗卵，不見得一定要去海邊，只要溪溝水可以連通海域……」

由一些現有資料，台灣對椰子蟹的研究似乎還有大空間。

## 石人（石朗）

　　沿公路持續北上，在抵達南寮漁港之前，先到「石人」。目前該地設有下海的棧道，提供遊客浮潛與深潛等活動。入口處設有涼亭、解說告示牌、路標等。

　　石人地名的由來，乃因往昔該地的潮間帶上，存有一塊丈餘高的珊瑚礁岩，且酷似人形（林登榮，2011；60頁），因而名之為「石人」。此一敘述我懷疑細節是否正確，而且，以福佬話來說，「石人」似乎比「石郎」恰當，無論如何，現行地名都被書寫為「石朗」。

　　此地最負盛名的景觀是海中俗稱「大香菇」、「香菇頭」的團狀微孔珊瑚。

**史氏鸚哥魚雄魚。**（2014.9.3；石人；陳月霞攝）

## 南寮漁港及南寮

南寮漁港位於綠島西海岸的中凹部位，冬季以地形效應，避開猛烈東北季風的襲擊，黑潮的影響也較輕微，因而形成最佳建港港口。1950 年始建南寮灣的漁港，1972 年擴建。觀光發達以降，擔任旅遊碼頭的功能加重。

而漁港的風貌，通常得在清晨始見。清晨約 4 點鐘左右，各聚落漁民抵達漁港，準備捕魚工具、馬達暖機、報關出海，一般約 7 點鐘以後，漁船陸續回港，在漁會的漁獲集散場開展漁市，乃至漁民整備漁具，收拾後休閒。或見酬神、祭拜好兄弟等等。

**南寮漁港碼頭。**(2014.9.5)

一般觀光客除非刻意，通常忽略了此一生計場景。

南寮以交通重鎮，長期以來一直是綠島的經濟（漁業）中心，因而綠島大部分的行政機關都在此設置；2、30 年來，因應觀光浪潮，南寮的食宿、商店有若雨後春筍而櫛比鱗次，最為繁華。南寮在拓殖史上開發較晚，如今則為文明之首。

就景觀而言，南寮卻是「最不綠島」的區域。

漁港以北的海岸，完全被人工海堤取代。海堤以水面高約 2 公尺的鋼筋水泥牆直接接海，再接以重重疊疊的消波塊（水泥肉粽），上方砌土綠化。

2014 年 9 月的調查顯示，原本種植的外來種三裂葉蟛

蟛菊或被剷除而呈全面枯乾，天然次生植物如濱豇豆等蔓爬
上來。近港口這端，種植一些不能適應綠島的椰子樹，以及
一些外來植栽。

　　眾所周知，流行歌〈綠島小夜曲〉的綠島，指的是台灣
島，只因歌詞中有「椰子樹的長影……」，加上對「綠島」
兩字的誤解，於是，綠島大肆種植椰子樹，但因綠島本來就

**南寮人工海岸**。（2014.9.4）

沒有椰子樹，這些外來樹種水土不服、半死不活，形成破掃帚模樣。事實上，就連台灣島也沒有自生的椰子樹，全國一概是人工強硬種植的。

也就是說，外來政權、外來移民在不知不解台灣的狀況下，以自己對熱帶海島的刻板印象，強加在台灣土地上的荒謬。此外，以歌曲而言，描寫阿里山的〈高山青〉也一樣，

外來者根本不知道現今的阿里山森林遊樂區，從來沒有原住民的部落（鄒族住在較低海拔的達邦、特富野等），歌詞胡扯，誤導全民將近一甲子時光。說來悲哀，外來強權從來都是扭曲台灣、汙染台灣、汙名化台灣生界，而全民迄今絕大部分還不解台灣。

台灣人將近4百年在外來強權主導下，從來不能在體制內書寫自己的歷史與文化，連自己的靈魂也被外人所決定！這就是我在批判的教育部，過往是政戰部，現在是統戰部。而台灣現今人人「生態」琅琅上口，卻很少人瞭解，大家所謂的「生態」，絕大部分是「變態」！

如今，台灣由「沒有自由的秩序」走到「沒有秩序的自由」，今後必須因應所有的新問題，開創新秩序，而最根本的土地、生界資訊，必須在體制教育中找到最基本的地位。也就是說，「破」的時代已然完成，今後是「立」的時代，而且，必

不適應綠島的外來種可可椰子。(2014.9.4)

須從本土生界環境重新認知開始！

　　至於綠島，我認為還原綠島先民、原住民族儘可能客觀、主體性的歷史，以及依據原始自然生態系的內涵重建，正是一切的根本。同時，綠島永續發展的承載量早已過飽和，實不宜在金錢或開發至上的迷思下，毀掉綠島的未來。

## 鼻頭

　　大約自綠島機場飛機起降跑道以西的「鼻頭海岸平原」，位於綠島的西海岸北端；該地原為中寮、南寮聚落

的墳墓地，1960 年代鄉公所更徵收耕地，改為公墓用地，2006 年並設納骨塔，以此緣故，雖未受到文明硬體建物的太大威脅，也很難進行自然演替。

　　然而，此一海岸平原的海岸外緣，具有環岸一周，完整的珊瑚礁岩天然保護帶，只要喪葬風俗漸趨環保化，此地可望漸次復育天然海岸灌叢或海岸林。

# 🌿14. 代結語

　　本章僅依遊客角度，依順時針方向，環繞綠島海岸（公路）一周，依所見及的地景，作一概略解說文本的敘述，或可提供解說人員，或遊客自導式遊覽時的參考。

　　誠如本書第一章的強調，解說的旨趣在於超越解說本

**綠島西海岸的人工海堤。**（2014.9.5）

身，解說本來就是身心有形、無形語言的即席創意與創作。然而，巧婦難為無米炊，解說必須要有充分的具體內容為背景，或解說文本為基本內涵，再依遊客本質、情境，作取捨與創發。解說人員面對特定地景或遊客，必須當下決定他認為最適合引發對象與環境連結的引介，解說人員就是變化莫測的彩虹橋樑。

筆者於 2014 年 6 月下旬，首度前來綠島一遊，綠島生界生靈因緣相牽，責成投入 2014 年 9 月及 11 月的調查，而綠島知識份子菁英如姚麗吉校長的熱情導引，以及他對教育用心用力的傳奇，令人感動，因而筆者以一生研究的慣習，淺薄瞭解及初步調查後，撰成《綠島金夢》、《綠島海岸植被》，以及本冊解說文本，提供有緣人參考利用。這些文字、圖檔等，悉數交予綠島國小姚校長，以及任何想要引用的人們。

而本書、本章，依據筆者兩次調查感受，很個人化地陳述我認為可以為遊客解說的部分內容。所謂的「個人化」乃因我撰寫的角度，以自然生態、人文生態為旨趣，並加上我認為過往解說文本較忽略，或遺漏的環節強調之。

任何人或解說人員，可自行參閱更豐富的既有鄉誌、圖書，加以增刪其要認知或解說的內涵。解說切忌照本宣科，否則流於「政令宣導」或學話鸚鵡。我來，我寫，如同海漂植物，長出不起眼的一抹翠綠，能否撐起一片綠蔭，我毫無

期待與預設。這是海灘上濕痕未褪的足跡，如果以後讓我再
作解說或撰寫，內容、方式必然大異於本書。

# 四
## ──特定綠島文獻解讀──

## 🌿1. 解讀《台灣采訪冊》的火燒嶼

　　明確提到華人最早移民綠島的年代（1799 年）的文獻，殆是撰寫於 1829、1830 年間的《台灣采訪冊》。

　　這本采訪冊，筆者係依據台銀經濟研究室（1959 年？）編印的「台灣文獻叢刊第 55 種」為版本，它是由台南石暘睢先生的民間手抄本再傳抄而來。其書第 26 頁，標示為 1829 年 12 月 5 日（道光九年十一月十日），由林棲鳳、石川流兩氏共同採訪的「火燒嶼（嘉屬）」，全文如下：

　　　　其嶼在大傀傀山後，東北水程不知若干里。嘉慶四年間，有小琉球、冬港二處漁人，駕船二隻，欲往捕魚，船中有鹽，以致冬港鹽館販戶曾開盛，疑其漏私，詰焉。漁人告以前年駕舟捕魚，偶涉其嶼。該嶼地勢寬闊，並無居人，惟多檳榔、雜木，濱海魚蝦叢集，多產海參。因邀其合夥出本，僱工往捕，盛許之。遂以兩船運載漁器、食物，並僱二、三十人同往。則砍伐竹木，搭寮居住。觀其地上，似有行蹤。越三、四天，忽見一番童遠來哨探，眾以手招之，方敢近前。後漸狎熟，詢

其來歷，云係紅頭嶼番。因老番殺死酋長，懼罪，綑竹為筏，載其番婦並二男、一女漂海而逝。適泊於此，後遂居焉。盛於次年復載牝牡牛、羊、雞、火豕諸畜及穀種、田器，併貧困者，挈眷到其地開墾耕作，採取什物而歸。歷年如是，後有往者，遂與番婦為贅婿焉。其船欲往，須從崑崎南，過沙馬磯頭，轉東而北。一年往返，止得兩次。水程險遠，無甚大利。現時人數已倍於前。迄今二十餘年矣。

　　標題後的（嘉屬）何意？屬於嘉義縣？這不通。或說作者為嘉義縣人？也不通。作者之一的林棲鳳，他是乾隆二十二年台灣縣的歲貢生，但並非屬於嘉義縣（註：1757年度，台灣縣的秀才，經考試成績優異，保送到京師國子監就讀，林棲鳳成為歲貢生。貢生的意思即貢獻給皇帝使用的人才。由此推算，林棲鳳寫這則火燒嶼的報導時，年齡恐怕已經是90幾歲了！或只是掛名，實際上是石川流的採訪？），或是傳抄錯誤？但存而不論。比較可能的是，「嘉屬」是「嘉應五屬」的簡寫？也就是說，原廣東省潮州府的3個客家縣，加上惠州府的2個客家縣，於1733年（清國雍正11年）合併為嘉應州，直隸於廣東省管轄。所以林棲鳳是來自嘉應州的客家人？奇怪的是，「嘉屬」2字是附在標題的「火燒嶼」下方，難道說火燒嶼曾經屬於嘉應州管轄，這更不通。總之，這是目前筆者不懂處。

　　從文本檢視，如果林氏真的是1829年撰寫的，則距離漁民、曾開盛去綠島的年度，恰好滿30年，不應該說成最後一句「迄今二十餘年」，還是古人「差不多」的慣習使

然？無論如何，報導的年代跟小琉球漁人或曾開盛去綠島的年代很接近，採訪或打聽之際，去綠島的當事人或親友最可能還在世，這份報導的「可信度」應該很高？！而且，可以確定，1799 年之前，早有小琉球漁民多次去過綠島了。奇怪的是，既是採訪當事人（或親友），為何會不知道水程有多遠到綠島？！如果報導屬實，則華人到綠島的起點是 1797 年。

其二，冬港是屏東的東港嗎？是東字抄錯成冬？或冬、東相通？按冬港通常指的是大約在今之布袋鎮範圍內，明清之際的倒風內海的某個港，已因八掌溪改道而不確定在何位置，或說在今之好美里附近。

從地理空間而論，小琉球漁民要與冬港鹽館販戶曾氏相遇，最可能冬港即是東港。要解決這個小疑問，第一步得要找出《台灣采訪冊》的手寫本對照，但找出來還未必解決疑惑，得再找出其他相關文獻作連鎖比對，在此暫時擱下。（另註：目前從官網或綠島鄉誌找出的一些關於曾開盛的資料，總覺得撰編者似乎太草率，卻又落筆肯定，以致於筆者實在不敢相信！）

有趣的是，現今歌星劉子千的台語歌「冬港」，也有註明為「琉球港」者，則此琉球港是否即今之小琉球白沙港或大寮漁港？

其三，曾開盛（陳開盛？）是冬港（東港）人，還是小琉球人？還是往來東港、小琉球的人？或其他？待查。採訪文明明說是小琉球及冬港「二處漁人，駕船二隻」，在船上堆放鹽包要去捕魚，大概可認定是小琉球一艘、冬港一艘聯合想去綠島捕魚等；儲鹽是為了將漁獲鹽漬，因為時間長久之所

需？

　　曾開盛的職業是「冬港鹽館販戶」，他聽了漁人說綠島魚、蝦、海參很多，又是無人島，島面積大，檳榔、林木很多（註：我懷疑檳榔很多），於是，曾氏就同意合夥投資，僱請2、30人一齊去綠島「淘金」。他們準備了打漁的工具、足夠的食物就開拔了。

　　他們約30人吧？到了綠島，砍伐竹林、搭蘙居住（註：我懷疑綠島有竹，應是華人帶過去的。），他們原先認為這是無人島，但是地上卻好像有人的足跡，果然3、4天後，他們發現有個原住民小孩遠遠地在窺視他們。眾人向小孩招手，小孩才敢前來。後來彼此較熟悉、放心了，小孩說出他是蘭嶼的達悟人（註：好奇怪，華人與達悟人的語言相通？或華人之中有懂得達悟語者？），因為他老爸殺死了酋長，害怕被家鄉人治罪，因而「綑竹為筏」（註：達悟人不是專門製造獨木舟嗎？蘭嶼當時有大竹可以做竹筏嗎？殆皆華人依自己慣習的想當然耳！），帶著太太、2個兒子、1個女兒，順黑潮漂離蘭嶼，恰好停泊在綠島，就住在綠島了。（註：這有可能是言語不通，比手畫腳詮釋出來的故事，當時整個綠島不可能只有一戶達悟人吧？！或者，是象徵性語言？）

　　其四，曾開盛（他在1799年到綠島捕魚之後，當年又回到冬港了？）在1800年，又載了公的、母的牛、羊、雞、豬（註：火豕是豬的別名，或是山豬，或啥動物？）各種家畜、五穀種子、耕田農作用具，也招來一些貧苦人家（註：羅漢腳、謀生困難的人？）攜家（當）帶眷地，來到綠島定居墾作，曾氏則收集綠島各種雜貨回台，或回冬港，或回小琉球販賣。每年都這樣。

　　由於船程太遠，每年往返綠島只有2次，而如此經營的

利潤不高。

　　然而，曾開盛只是往來綠島經營另類貿易，他本身並無移民綠島？所以綠島後來查無曾姓先民？或曾姓是陳姓訛誤？

　　其五，後來（1829年之前）有單身男子（？）移民綠島，入贅於達悟人當女婿（註：原文達悟小孩的姊姊或妹妹？）。而1829年或之前，綠島的華人已有2倍（註：原本2、30人，所以是5、60人？）。

　　關於《台灣采訪冊》的綠島資訊，榨得出來的，大致如上述。

　　其次，略述《台灣采訪冊》是一本什麼樣的書？

　　台灣在清國統治212年的時代，編纂有一大堆方志、史料（當然一定要符合官方的政治「正確性」），大致都有一定的體系或格式。而《台灣采訪冊》有點類似傳統格式，卻散漫而未經嚴密的編輯，而且其範圍分散全台，幾乎是雜燴。它由低階官僚或讀書人採訪或收集而彙編。內容大致如下，有點類似補充各方志的遺漏。（註：這是就文體及內容的評述，事實上官方有一套偉大的緣由，在此不論。）

　　先從天文二十八星宿對比中國各府的排列，將台灣府歸於「牛女」；次由各種現象、諺言談古代台灣的「天氣預報」；三則補述若干山川變遷、河流改道；接著，談地理、名勝、縣城、橋樑、街市、特定地區（點）的報導；復談寇亂、閩粵分類、漳泉械鬥、祥異或各地異聞，無奇不有、誌怪不怪，另述兵燹、補充沿革奏議，補輯巡察御史、海防同知、知府、知縣、縣丞、巡檢、典史、儒學教授、訓導、

教諭、守備、參將、都司、遊擊、副將、全台軍制名額、戰船、各級功名名錄等等，最大篇幅在登錄這些文、武官員或公職的資料。

　　《台灣采訪冊》中列名採訪的報導人，計有林棲鳳、石川流、陳國瑛、曾敦仁、黃本淵、蘇鳳翔、林師聖、蘇德純、楊文顯、吳尚新、蔡國香、陳肇昌、黃化鯉等等十七人。

　　這些作者的身份，如前述林棲鳳大概是最老的「歲貢生」，從同書找得到的，例如蘇德純、蔡國香等，是所謂的「例貢」，也就是向朝廷、官衙繳納一定額度的錢財，用以取得貢生的資格。講直接些，以金錢等買功名、買官之謂；例如蘇鳳翔也是「例貢」，而且他擔任「試用訓導」。「訓導」是基層文官，主掌教育工作，從八品，而蘇氏還只是「試用」而已。

　　整體說來，《台灣采訪冊》除了彙集或重編、補遺全台文武官僚系統之外，補記若干公文奏議，同時對山川、天候、社會現象，進行採訪報導，或說相當於現今新聞局收集民間資料作彙集。

　　關於綠島的記錄，無論如何，它是最早期的報導之一；它描繪綠島的文筆頗似世外桃源、桃花源記，充滿和平生計。如果所載，具有相當的真實性，撇開遣詞用字的時代慣習，或可臚列下列「史實」：

　　1. 1797 年小琉球的漁民開始去綠島捕捉海產。

　　2. 曾開盛是冬（東）港人，他是冬港鹽館的生意人；他跟小琉球漁人合夥投資，於 1799 年僱工 2、30 人，駕船兩艘到綠島短暫居住，主要從事漁業，他在該年又回到冬港。

曾氏此行發現綠島住有達悟族原住民。

3. 1800 年，曾開盛「開辦移民公司」，招來一批貧窮人（小琉球人或冬港人？或兩地都有？），攜家帶眷，並備妥家禽、家畜、五穀種、耕具，正式移民綠島。

4. 可能在 1800-1829 年期間，曾開盛往來冬港（小琉球？）與綠島之間，一年至多 2 次，運回綠島的海產、雜貨，也斷續有新移民到綠島定居，也有人與達悟人通婚。

5. 1820 年代末葉，綠島的華人約有 5、60 人？曾開盛本人或其家庭有無移住綠島，不詳。據文義，他似乎未曾正式移民綠島。

以上，提供綠島開拓史的較精確的資料之一。

## ❧ 2. 伊能嘉矩 (1928) 的綠島華人開拓史

伊能嘉矩（1928；江慶林等九人譯，2012 二刷，下卷 216-218 頁）宣稱：

> ……據傳：原為土番所占居，然後曾有閩屬陳品先者，統率部下寄航該島，襲擊土番，逐之於島外，而占領之，旋因土壤不良棄去。（現島中有名阿眉山者，似與台東土番族稱「阿美」有關，該番之一部亦傳有口碑，云彼等原亦住於 Sanasai，後來因受漢人侵犯，乃乘獨木舟逃出而登陸於台東之某地云。）爾後似久委為無人之島嶼。至嘉慶年間（或云道光初年），居小琉球嶼之曾勝開者，與三十人出近海捕魚，遇颶風

漂至本島，乃搭蓁暫居此處，意圖開墾，（公館庄即其遺址。因係當初公館之所在地，故名。）其中雖有六名因失望而放棄，但其餘之人更自小琉球嶼招致家眷及同志者，擴大從事耕、漁，增建部落。（先成中蓁庄。據口碑云：某時曾有南方之紅頭嶼土番（約二十名）乘舟來襲本島，反被擊退。又某時島民曾大舉艤舟襲紅頭嶼，而掠奪其家畜、作物、器具等云。）從前實際置於化外之狀態，迨光緒初年始被編入恆春縣之管轄，當時所成之《台灣輿圖》〈說略〉載曰：「有居民五百餘丁，商船避風，間有至其地者。」

關於蘭嶼，伊能嘉矩（同書218、219頁）記載：

　　……光緒三年三月，因防護洋務之必要，乃擬議將從前其所屬欠缺明確之紅頭嶼收入版圖，恆春知縣周有基承分巡台灣兵備道夏獻綸之命，率福建船政學生游學詩、汪喬年等二十餘名，自南灣大板埒乘船前往，勘查其地勢、土產及番俗，且測繪島形。……於是乃始將紅頭嶼劃歸恆春縣管轄，不過單於圖籍上收錄名稱、位置，其實仍然置於化外而已。故唯獨該嶼未存漢人拓殖之史蹟。

　　上引即江慶林等之翻譯（1985年8月出版，之後，國史館台灣文獻館再行校訂多年，2011年出版修訂版，2012年二刷），且再行校訂的新版。然而，對照林熊祥（1958；1984再版）的譯文（24、25頁），筆者毋寧傾向於採用後者，茲不厭其煩，再行引錄林氏同文

如下：（註：新版翻譯得最令筆者無法接受的部分，未在此引列）

　　……據傳，原為土番所佔居，然後嘗有閩屬（福州府人）陳品先者，統率部下寄航同島，襲擊土番而逐之於島外，佔墾之，旋因土壤不良放棄離去。（現島中有名阿眉山者，此似與台東之土番於稱語阿眉有關係，該番之一部亦有口碑，係云，彼等原係居住 Sanasagi，因後來被漢人侵佔，乃乘獨木舟逃出，而登陸於台東之某地云。）爾後似久委為無人之島嶼，然而至嘉慶年間（或云道光初年），居小琉球嶼之曾勝開者，與同鄉三十人出近海打漁，遇颶風而漂著本島，乃在此處搭寮定居企圖開墾，（公館庄即為其遺址，因係當初公館之所在地故名。）其中雖有六人放棄之，但其他則再自小琉球嶼招致家眷及同志，擴大從事耕漁增建部落。（先成中寮庄。據口碑云曾有南方之紅頭嶼番約二十人，乘舟來襲本島，但終被反擊退卻。又島民曾大舉艤舟，襲紅頭嶼而掠奪其家畜作物器具等云。）從前實際委為化外，迨光緒初年始被編入恆春縣之管轄，當時成之台灣地輿圖說載曰：「居民五百餘，間有商民避風至其地者。」

　　據上，伊能嘉矩的口述史採訪或聽聞傳說（他使用的字眼是「據傳」）如果屬實，則筆者將其敘述歸結、推演如下列：

　　1. 綠島原為原住民領域，有可能在 16、17 世紀（時間乃筆者添加者）之際，至少居住有阿眉族人。後來，可能在明末、清初（筆者假設「義不食清粟」的閩南人流亡海外），曾有福建福州人士姑且名喚陳品先者，帶領一批華人入侵，他們驅逐阿美族

人，佔據綠島拓墾之，但很快地因為土壤、地力不佳，或種種不明原因，全數人撤離綠島（也可能再度反清復明去了！）。

2. 綠島有座第二高山名叫「阿眉」（標高 276 公尺）；台東有部分阿眉族人宣稱他們的祖先原本住在綠島，因被華人侵佔，舉族跨海遷來台灣東海岸。這二項口傳，讓人推測 1. 之敘述有所依據。而陳正祥（1993；1269、1270 頁）顯然採用伊能嘉矩的敘述，但並未提及「陳品先」而只說是「漳州人」，而且他引述的原住民，既「遷居台東」，又「殘留少數雅美族人」，並非「阿美族」！凡此敘述，陳正祥並無交代文獻或引證出處，只在全書最後的「主要參考文獻」中列有伊能嘉矩（1928），可能陳氏並未明辨。

3. 嘉慶年間（註：1796-1820 年）或道光（註：1821-1850 年）初年，住在小琉球的曾勝開，夥同自家鄉人 30 位，出海捕魚，遇暴風，海漂前來綠島，登陸公館。起初他們搭建共同居住的草寮，想要在此墾殖，也因為這個群居的起始點，轉變成該地的地名「公館」。然而，筆者認為以當時漁船出海捕魚除非多艘船，否則不大可能是「30 人」，此一敘述必有疑誤。本段敘述較可能是 2 次事件雜糅在一起的結果。

4. 曾勝開帶來的 30 位移民，在公館拓墾試驗之後，有 5 分之 1 的人放棄，可能再折回小琉球，但其他 24 人選擇定居綠島，因而再回家鄉小琉球「招兵買馬」，延攬另波移民，從而「攜家帶眷」前來綠島。

5. 第二（或多）波移民來到綠島後，擴大農墾及打漁範圍，增建了新的聚落，首先增建的聚落即中寮。

6. 筆者推測，曾勝開帶來的第一、第二波移民進入綠

島時，綠島應有數十、百人達悟族（先前謂之雅美族）居住在北海岸一帶，因而由公館向中寮西進、擴大拓墾時，華人與達悟人便發生衝突，而華、達悟衝突、拉鋸糾紛處，或兩者邊界便落在今之柴口處。華人在此邊界上，伐木築柵防禦，故該地名為「柵口」，後來同音或諧音，轉變為今之地名「柴口」。又，屯聚柴口的時間當在 1840 年代，以許姓家或氏族屯墾之（林登榮，2011；29 頁），且之後，大舉進攻中寮方面，逼得達悟人退回蘭嶼。

7. 有可能退回蘭嶼的達悟人心有不甘，曾經組成 20 人的反攻隊伍前來綠島反撲，奈何又被華人擊退。或許為了威嚇作用，綠島的華人很快地組成武裝船隊，偷襲蘭嶼，並掠奪達悟人的家畜、農作、家當等。可能生性溫和的達悟人自此也死了心，不再生事端？

然而，筆者懷疑華人之所以襲擊蘭嶼，主目的不在於物質，而是擄獲女人？如果針對世居綠島的華人進行大規模的 DNA 檢測、比較，或可解開許多謎團。

8. 直到 1877 年，綠島在文書上被收編於清國版圖；1879 年清國兵備道兼按察使的夏獻綸編纂的《台灣輿圖》記載：綠島已「有居民五百餘丁。商船避風，間有至其地者」。

以上，當然是筆者加以若干「想像」，特別是第 7 點，推演而成，但基本上並無違反伊能嘉矩的記載，或說，襲沿伊能氏的採訪而來。

伊能氏的治學態度或涵養素為筆者所推崇，雖然任何著

作免不了有錯誤、筆誤或遺漏相關引證文獻等等，在此，但引其代表作《台灣文化志》中，其門生板澤武雄的〈小序〉記述（伊能嘉矩，1928；江慶林等九人譯，2012 二刷，17、18 頁），側見其精神與實踐力：

　　　　1900 年 7 月，伊能嘉矩南下調查地理、歷史及原住民議題之際的日記（標題為《南遊日乘》），他以鉛筆寫下來的「小序」中透露，他在這次南下「查察」之旅，自己訂下三原則，也就是自我要求：

　　　　1. 即使生病或發生任何事故，當天查訪或調查獲得的「事實」，必定當天整理出來（註：當年沒有現今方便的數位錄音或影像機器，伊能氏似乎多以鉛筆筆記之）。

　　　　2. 為達「科學的查察」的目的，秘（祕）訣就是「注意周到」這四個字。但以後在撰寫或記述時，如果還有不明白或疑問出現，也就是犯了「注意不周到」之罪！（註：所謂治學嚴謹，由伊能氏如此的自我要求可見一斑，而且，無時不刻自我反省的標準令人讚嘆，甚至隨時以今日之是，責怪往日之非。）

　　　　3. 以周到的注意而查察的結果，應以周到的筆記敘述下來。（註：由心到，乃至手到，必須鉅細靡遺地記載下來。這不是吹毛求疵，而是研究者基本的態度或涵養。）

　　伊能氏在 1900 年 8 月 28 日，由鳳山到高雄途中，遇到狂風暴雨，他搭乘的車輛兩次翻覆在泥水中，「全身及行李盡濕，因感瘴氣臥病床上強記」！

　　另一方面，陳正祥教授也是筆者所推崇的篤實研究者、

學者，他一生做學問孜孜不倦、惜時逾金，最為人津津樂道的「趣事」之一，其研究室門口掛一牌子，上書：非學術性談話，限時 3 分鐘！

然而，對於欠缺文獻記錄（文字資料更可以是是非顛倒、豬羊變色，但至少白紙黑字，留下可供世人、世代人反覆檢驗的資訊）的議題，僅靠藉有限或口耳相傳的稗官野述，通常吾人大抵傾向採信特定相對可信賴人士的見解，即令如此，任何「權威」人士往往具有盲點與偏執，端視其對相近人性、文化的經驗與洞察力，以及太多不確定因素，從而作出毫釐與千里的誤差。而筆者之所以引述上述，乃交代筆者可能因「信任」特定學者，而可能偏差，但隨新事證、物證、資訊的出現而從善如流。

而光憑伊能氏的采訪記錄，殆可歸結出的若干重點如下：

1. 華人入據綠島存有兩大階段，第一階段是福建人陳品先所率領的團體，他們趕走原住民（不管是阿美族或雅美人）而墾殖，但很快地又棄島離去，以致於綠島有一段長時間是無人島。

2. 第二大階段華人進入綠島是在約 1796 年至 1820 年代期間，是小琉球居民曾勝開等 30 人，他們是出海捕魚，遇颱風而登陸綠島者。他們首先在今之公館處搭建群居型建物，因而該地地名遂因此而名之。

3. 第二大階段的第一波移民 30 人，約有 5 分之 1 的人放棄移民綠島，但其他 5 分之 4 的人再回小琉球招攬更多的人，攜家帶眷作第二波、第三波等移民。

4. 第二或多波移民進入綠島之後，土地及資源不足了，必須拓建新的聚落，而擴增的過程中，與達悟人爆發衝突，且圍柵防禦的地點便是今之柴口。

5. 然後，越過柴口圍柵，他們將達悟人趕離綠島（甚或同化達悟人），於是，擴建第一個新增的聚落叫做中寮。此後，綠島成為小琉球人的天下。

6. 直到 1877 年之前，綠島為無政府狀態的華人自治群體。1877-1879 年間的住民約有 5 百多人。也就是說，曾勝開移民綠島約 80 年後，綠島變成約住民 5 百餘的華人世界。

以上，略掉後來華人與原住民的衝突部分。換句話說，第一階段華人進入綠島的陳品先及其部眾（完全沒有多少人的數據），「事實上」跟現今綠島人的先祖無關。如今許多的解說文本，甚至研究報告也照例引用不知出處（原始或始源文獻）的陳品先、陳必先等口傳之說，最可能是「有此一說」，卻盲目引用的「訛誤」，甚至於根本未曾看清楚伊能氏的敘述。

然而，由伊能氏的《台灣文化志》第 8 篇〈修志始末〉，以及全書內容看來，他似乎並未看過集體採訪報導的，大約成冊於 1830 年的《台灣采訪冊》，而後者的內容正是伊能氏記載的，第二階段華人入墾綠島的狀況，且關於曾開盛（伊能氏記為曾勝開）及其情節更詳細，基本上，兩者大體一致，只是述及的面向不同。

另一方面，伊能氏是 1895 年 11 月來台調查研究 10 年，時間上與台灣總督府（1897）調查綠島重疊。總督府派人調查

的口述史提及，約 1777 年，綠島人的祖先從中國移居到小琉球，且在約 1817 年，24 個人移入到綠島（李玉芬，2000；33 頁），筆者無法判斷伊能氏有無閱讀到此等資料，但「30人有 6 人放棄，剩 24 人」又恰好與總督府的調查在人數上一致，而年代並不相同。於是，筆者推測，是否 1799–1820年間往來小琉球與綠島的船隻，每次載運人數有其承載的限制？

　　整體而言，伊能氏在清國人林棲鳳、石川流於 1829 年的口訪調查之後，隔了 7、80 年之久，他的採訪、聽聞卻令筆者耳目一新。他最重大的挖掘在於，現今人似乎全然不顧的說辭：華人入墾綠島存有兩大階段，第一階段由陳品先等人入據，並驅逐了原住民，但他們很快地離開，綠島淪為無人島。然後，推測達悟人又遷居綠島，不幸地，18 世紀末，第二批華人復前來綠島拓墾、定居（曾勝開等人），也就是現今大家採信的綠島開拓史。

## 🌿 3. 1954 年馬國樑的 《綠島‧蘭嶼》與綠島開拓史

　　2‧28 事件發生的 6 年後，素有「民主先生」尊稱的前台灣省府主席吳國楨，表面上因反對國府的耕者有其田政策及成立中國青年反共救國團，憤而於 1953 年 4 月辭職赴美，隔年 3 月 17 日，蔣介石頒令吳國楨：「背叛國家、汙衊政府、妄圖分化國家、離間與政府關係，予以撤職查辦。」

　　1953 年 4 月 16 日，俞鴻鈞替代吳國楨接任省府主席，

兼台灣省保安司令部司令。為開發資源，俞於 1954 年 3 月，手令省府各廳處組織「綠島蘭嶼勘察隊」，一行 20 人前往兩島作為期 1 個月的考察，工作任務分為漁業港灣、水利交通及農林畜牧三組。記者馬國樑「奉派隨隊工作，兼施宣傳報導」（馬國樑，1954；1 頁），從而於該年 9 月出版報導專書《綠島·蘭嶼》，約 10 萬字。

該書封面書名即由俞鴻鈞題字，內頁另有當時要人嚴家淦等 13 人題字誌念。

1954 年 4 月，國防部總政治部為讓世人「瞭解我政府是站在人道的立場感訓敵人」，

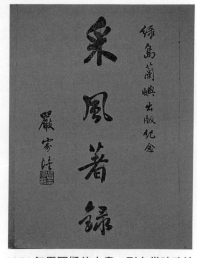

1954 年馬國樑的小書，列有當時政治要角嚴家淦的題字。

邀請中外記者數十人，前往綠島參觀「綠島新生訓導處」，馬國樑也應邀參加，因為他敘述「筆者曾在綠島停留數日，並承新生訓導處負責人引導參觀」，撰成〈綠島新生訓導處巡禮〉一節，收入《綠島·蘭嶼》書中的 18-29 頁。

而 1954 年 6 月 1 日，俞鴻鈞轉任第六任行政院長，因而該書出版時，俞以院長身份為其題字。

關於專述綠島部分，該書列有 38 頁。由於其乃報導兼政令宣導，並非專業論述，更無嚴謹的學術引證或涵養，錯字或誤植在所難免，而究竟有無進行真正口述史調查，抑或憑藉片斷資料，遂行「想像創造」，光由其文字敘述，難

以確定或判斷。然而，由於 1950 年代正是反共、恐共，全國風聲鶴唳、動盪不安的時期，綠島不但地處偏遠、化外之外，更是白色恐怖的政治犯監獄軍管重鎮，此書得以問世，一些資訊彌足珍貴，筆者視為貴重文物之一珍藏之，或殆屬 1950 年代的「稗官野史」也。

為讓今人相對理解該書出版前後的台灣社會背景，隨意援引資訊如下：

1953 年 7 月 17 日，國府軍隊突擊東山島；8 月 2 日，所謂的「反共抗俄列車」巡行縱貫鐵路沿線，各站播放宣導媒介；8 月 13 日，行政院公佈「戡亂時期檢肅匪諜聯保辦法」；8 月 20 日，國府與美國舉行聯合大軍演，還出動航母。

1954 年 1 月 23 日，第一批「反共義士」自韓國來台。此乃起因於 1950 年 6 月 25 日韓戰爆發，中國以數十萬「抗美援朝志願軍」介入韓戰，3 年餘的戰事，美國等聯軍俘虜了數萬戰俘，其中 2 萬 3 千人選擇反共，反共戰俘中，中國籍者有 14,619 人選擇投奔台灣，此所以台灣曾經長期誌念「123 自由日」的緣由。

9 月 3 日，金門發生 93 砲戰；10 月 24 日，縱貫公路台 1 線才完成鋪設柏油路面；12 月 3 日台灣與美國簽署「中美共同防禦條約」。

1955 年 1 月 20 日，國防部宣佈台灣駐守一江山的軍隊「全數陣亡」，而 2 天前，國防部前軍法局長包啟黃遭槍決。2 月 6 日，國軍自大陳島撤退；8 月 20 日，孫立人將軍被免職；前此，6 月 23 日，台灣首部台語電影《六才

子西廂記》，在台北市大觀電影院上映。

上述浮光掠影，或可勾勒馬國樑先生若非以公務「奉派」到綠島、蘭嶼，尋常人根本沒機會到達軍管外島。此所以筆者珍視該不起眼的小書之緣故。

該書除了政治犯監獄的描述之外，最值得參考的是美國胡佛總統號郵輪觸礁案及綠島燈塔等報導，而關於綠島華人開拓史的部分，具有趣的、歷史小說式的描繪。

其在綠島第二節〈綠島浮世繪〉（9、10頁），劈頭即說：

> 第一個到達綠島的漢人是閩南陳必先君。時在175年前（永安5年5月間），陳先生是一個商人，但卻有著天賦的政治才能和克難冒險的精神……

1954年的175年前是1779年，完全符合《台灣采訪冊》宣稱的，1829年口訪調查的，曾開盛帶領的移民首勘。奇怪的是「永安5年」是何等年號？他在次頁描述的年號是日本的天保8年（1837），然而，日本並無「永安」，明、清也沒有，永安也非永曆，年代也不符，難道小琉球人曾有自創的年號？！以當時反清復明地下化、幫會化的狀況而言不無可能，但在此暫時存而不論。

依據馬氏故事，擇取資訊如下：

1. 1779年5月，商人陳必先帶領5位泉州人，由小琉球載貨欲往恆春貿易，不幸途中遭遇颱風，漂流到綠島登陸探險後，旋返回小琉球。

2. 1780年，陳必先又率領16人偕同眷屬來到綠島，由

今公館處登陸，建屋名「公館」，但忽然發現原住民百餘人散居島上，於是發生爭鬥，雙方皆有死傷，但雅美人敗北，退回蘭嶼。「甚多山地女子被俘，於是婚配，因而今日綠島居民仍有山胞血系。」

3. 陳必先設「總理衙門」，綜理島上事務，總理由眾人推選，「開民主政治之先聲」，第一任總理即陳必先，故後人敬稱其為「綠島之父」。（註：此敘述與 1992 年的《綠島鄉誌》有異）

4. 早期移民伐木墾地、發展漁業，並將木材和漁產運往福建及台灣各地銷售。

5. 約在 1837 年前後，綠島對外貿易頻繁，而有 2 艘帆船泊寄台東成功鎮。發現該地原住民以繩索獵捕梅花鹿畜養。乃以鹽魚交換 3 對梅花鹿回綠島飼養，2、3 年後陸續繁殖採購，並以鹿糞採肥，養鹿事業愈趨發達，且銷運上海等地。而今綠島已成鹿島，現有 275 頭。另有一說，綠島最早的鹿種由台灣新港運來。

6. 1954 年主宰綠島有 2 人，鄉長蔡朝旺及新生訓導處長姚盛齋。後者時年 46，湖南人，黃埔 6 期生。

7. 島民均來自福建，生活慣習同於原鄉。

8. 交通方面自公館，經中寮到南寮可通汽車，是軍民點作的克難公路。車輛僅 10 輪卡車及小吉甫各 1 輛，一日 4 班，行駛於公館、南寮之間。海岸線小路，從南寮經白沙至溫泉；再循公館村外山腰至溫泉的牛車路。古老的牛車路有 2 種，一種是滑木 2 根，由牛拖曳，專走山野，可運木材；另一種是 2 輪車由整木製成。

對外全賴航運。南寮、中寮可停泊機帆船及較大船隻，但若暴風來襲，30 馬力以下的機帆船可拉上岸，其他較大船隻必須駛往台東新港避風。

9. 火燒山的紅光是觀音洞所發出，引導迷途漁民返航，因而本島一度被命名為「火燒島」。漁民出海、一般卜問吉凶，皆往觀音洞朝拜。

10. 阿眉山出流鰻溝，是全島唯一可供利用的溪流，間有瀑布、水池。

11. 唯一的綠島旅舍建築為全島民房之冠，日式 2 層樓。全島無水、電設備。有土井 57 個，皆無蓋，水質帶鹹味。

12. 1954 年 2 月統計，全島南寮、中寮及公館 3 村，人口共計 3,157 人（男 1,548、女 1,609）。

至於其他資訊，在相關敘述時才予引用。

此間，最有意思的是，明確指稱陳必先是「綠島之父」，於 1779 年首登綠島，並於 1780 年率領移民正式拓殖，且打敗雅美人，驅逐其回蘭嶼，並納雅美女子為妻混血之。同時表明綠島華人來自小琉球（直接由福建轉進），與台灣本島人無關。

馬氏另檢附一張省府勘查隊員陳漢光與當時 72 歲的島民陳寶順的合照，並宣稱陳寶順是陳必先的直系後裔。也就是說，如果陳寶順還未辭世，則 2014 年他是 132 歲。

關於陳必先的故事，馬氏並無交代是否口訪陳寶順而得，但檢附照片及直說陳寶順是陳必先的直系後裔，有無要誘導讀者作此聯想，實亦不得而知。若要追查，則陳寶順的

後代當然是線索。

　　依據筆者長年進行口述歷史的經驗及思維，且詳讀馬氏全書之後研判，馬氏固負有為國府或官方作政令宣導或粉飾的任務，字裡行間見有濃厚詆抑日本的氣息，而政治犯部分極其為國府美化，但在其他報導面向，筆者看不出有何需要「造假」的動機或目的。另從文獻引徵的脆弱或闕如，其撰述大抵應是 1954 年的聽聞而來，而以其該時代記者的部分「望風捕影」，創作若干情節而來，例如將陳必先說成：「經營綠島的方法，是政治經濟並重，其目光非常遠大，計畫極其周詳，在政治方面主張門戶開放，歡迎大陸及台灣移民，並與同伴共同計議設立總理衙門，除排難解紛外，綜理島上事務，總理一職，由眾人推選，開我國民主政治之先聲。第一任總理即推陳君，故後人敬稱陳君為綠島之父。在經濟方面，決定披荊斬棘，伐木墾地，同時發展漁業，將所得木材和漁產，運往福建及台灣各地銷售，以裕收入，而繁榮島上經濟。」（同書 10 頁）奇怪的是，既有「總理衙門」，為何不談稅收、軍防、公共經營？既有總理，是否已有「綠島共和國」或其他政治組織？而綠島及其轉運站小琉球，是否為反清後明或其幫會基地之一？

　　筆者在持「無政府主義」傾向看待綠島之餘，一直認為其可能乃陳永華等反清志士的嫡系，雖以「隱性文化」在經營，必有許多不為人知的內幕在傳遞，從而蛻變為故佈迷陣的民間傳說。因此，馬氏的報導雖暫歸「想像」之作，但預留所有可提供將來歸納與演繹的可能性。

　　當然，對照其之前、之後的綠島資料，馬氏是有一些敘

述錯置或相混，但其非學術報告，也非考據，故在此不予細論，只在相關討論時提及。

平心而論，流竄台灣的國府固然窮凶惡極地對待台灣人，但因仰仗美國等勢力，內政方面因而力求表面上不致於太過殘酷、惡劣，因而處處得裝模作樣給民主國家看，或多或少也牽制國府在台的行徑，馬國樑的報導正可反映 1950 年代的如此現象。

而從歷史、全球角度，人類各類族群的傾軋莫不如此啊！然而，也因為國府不得志的凶惡，在台灣轉變為更陰狠的模式發展。這些就留待綠島人權園區的史料去述說。

馬國樑無心插柳的隨筆，其實也帶出現今綠島人早已淡忘的口述史的一角，特別是現今綠島人的血緣問題。

## 4. 林熊祥 1958 年編輯的綠島相關史料

台灣省文獻委員會出版、印行的，林熊祥（1958；1984 再版）的《蘭嶼入我國版圖之沿革，附綠島》小書，是筆者認定的，最為中規中矩的中文綠島史料完整版。凡是探討蘭嶼、綠島的人，或皆該詳閱，但內容有些盲點。

在此，筆者只引述若干關於綠島的部分。

該小書一開始援引清國台灣兵備道兼按察使（一堆頭銜）夏獻綸撰寫的「全臺輿圖序」（1879 年初夏），並附全台輿圖之「台灣府恆春縣分圖八」，但此圖僅列出紅頭嶼，並無「火燒嶼」。

它的第一章援引林先生自己修編的《台灣省通志稿卷首

上》的蘭嶼及綠島資料（1951 年 3 月，台灣省文獻委員會出版，32 頁）：

> 綠島舊稱雞心嶼，嗣稱火燒島，雞心之名源於象
> 形，火燒之名因島上居民每於夜間舉火山頂，為出海捕
> 魚者指示目標，歐人稱之為 Samasana，蓋由稱東部番
> 胞名轉訛而來者，乙酉光復後改稱綠島⋯⋯清嘉慶八年
> （或云道光初年）（註：嘉慶八年即 1803 年；道光年代為 1821-1850 年）
> 居於小琉球嶼之泉籍人，出海捕魚，飄流此島，遂移家
> 焉，此後徙入者乃眾。光緒三年編入恆春縣管轄。

第二章則先引《恆春縣志》的紅頭嶼及火燒嶼文字，次
敘連橫《台灣通史》資料，無新意。最後引湖南大學周蔭棠
於 1941 年 4 月發表的《台灣郡縣建置志》敘述：

> ⋯⋯火燒島為一不等四角形。嘉慶八年（註：1803 年），
> 有福建泉州人約三十名，自高雄（昔名打狗）下之小琉球
> 島移居火燒島，初居北海山麓之平地，合建小屋，名其
> 地曰公館。其後移此者日盛，生聚繁茂，居處亦分中
> 寮、南寮共三區，迄至今日，行政區仍準此。而昔日居
> 此之番人，漸次退縮紅頭嶼，今已絕跡矣。

這就是 1950 年代以降，一般資訊敘述綠島華人拓殖史
宣稱始源於 1803 年的來源之一，迄今還有人引用。

第三章敘述蘭嶼、綠島被清國「收編」的來龍去脈。其
引《恆春縣志》、《台灣通史》一般史書型的記載，而後引

入日人鳥居龍藏於 1898 年發掘出來的新史料，這是很有價值的文本。

　　鳥居龍藏 1898 年到恆春，在當地人汪明金的幫助下，獲得一包古文書，也就是 1877 年（光緒 3 年）清國官方派人前往蘭嶼的公文、書信等文本，包括夏獻綸與周有基來往的書信公文，內容之細，足以瞭解清國時代海外移民考量的諸多情節，甚至於拍電影該準備的道具一應俱全，很值得參考。它同時解決了本書二章 3 節中，筆者對周有基勘查蘭嶼時的「不明身份」，以及《恆春縣志》的語焉不詳。周有基在丁憂之後，從恆春知縣下台，改任「南路招撫局委員、候補知縣」頭銜，因清國的「開山撫番」政策，奉命勘查蘭嶼等。

　　第四章引述史書記載的蘭嶼及綠島。其載，宋代趙汝适的《諸蕃志》中的「流求國」，提到的「毗舍耶」有人註解即台灣南部，而「談馬顏」殆即蘭嶼。然而是耶？非耶？筆者無法判斷。

　　次引巡台御史黃叔璥的《臺海使槎錄》的「南路鳳山瑯嶠十八社三」：

　　　紅頭嶼番在南路山後；由沙馬磯放洋，東行二更至雞心嶼，又二更至紅頭嶼……（註：康熙 61 年，1722 年）

　　也就是說，18 世紀初葉的清國人認為，從鵝鑾鼻搭船到綠島約 4 個小時，綠島到蘭嶼也是行船約 4 小時。

　　而引鳥居龍藏敘述他的採訪（1898 年）：

　　四重溪民徐阿錦，年六十二歲，住四重溪。于同治十二年（1873 年）三月初九日同伴二十餘人，坐百餘名小船到紅頭嶼，其船要望南行，而流東北甚急，風又不順，初十日將晚流至火燒嶼，其地週（周）圍約四十里，有漳泉州人二三百人居住，地產落花生，薯芋洋等項，牛米無多，人民甚苦，日食薯芋，有水滴觀音極異，應有大藍薎港甚好，船可避風，又有中蔡小港。十七日酉刻後開船去紅頭嶼，風順十八日早到，船泊東邊港內，其港六七擔之船可入……

　　據上，筆者整理如下：

　　1. 自古台灣人便是海洋子民、海洋文化，往來東北亞、東南亞甚為頻繁，生計所在，足跡所至。而鳥居龍藏實際口訪了四重溪民徐阿錦，徐阿錦在 37 歲時（1873 年），結伴 20 多人，3 月 9 日搭乘百餘人坐的船隻預定要到蘭嶼，「我本想前往開田園，四山都走過，並無一點好處，至 6 月 27 日回家」，也就是移民前的實勘，最後放棄。

　　2. 1873 年 3 月 9 日前往蘭嶼的船隻本來要南行直抵蘭嶼，但因風向不對，被黑潮逆向北送，3 月 10 日傍晚，船被流到綠島，筆者認為他們可能是在今之南寮港處登陸（西海岸），當時南寮港已是綠島漁船的「大港」，還有一個小港可能是北海岸的中寮（或今之中寮船澳處）。他們直到 3 月 17 日的酉刻（下午 5-7 點間），才重新啟航往蘭嶼。因順風，18 日早上抵達蘭嶼東岸登陸。

3. 依據其敘述，蘭嶼在 1873 年時，有原住民聚落 5 處，約 6、7 百人，看到華人來就往山上躲。徐阿錦等人在蘭嶼停留了 3 個多月，勘查後認定無利可圖才回來。至於其對蘭嶼的描述，略之。

4. 準上，華人到蘭嶼似乎直入無人之境，為所欲為？達悟人的和順由此可見，而且，其對外人入侵者似乎只能逃避或順從？據此，伊能嘉矩描述的，早期拓殖綠島的泉州人，曾經以船隊偷襲蘭嶼掠奪，可能性甚高。

5. 1873 年描述綠島的華人「漳泉州人二、三百人居住；人民甚苦」，物產少，而突出觀音洞「水滴觀音」極為靈驗、傳奇。毫無疑問可知，19 世紀下半葉，綠島人的觀音信仰甚堅定。而鳥居龍藏的記錄，也成了陳正祥（1993；轉引陳玉峯，2015b，6 頁）說：18 世紀暨之前，曾有「漳州人」入據綠島，逼得阿美族人離開綠島，遷居台東。然而，這些華人又棄綠島他去。因此，陳正祥氏書寫的依據殆即鳥居龍藏、伊能嘉矩等日本文獻而來，但留下的謎團迄今無人釐清。

6. 關於綠島史料，今後有意投入研究者，筆者認為宜將日治時代任何相關研究、口訪、報導、文本，全面收輯、釐析，必可找出 1895-1945 年間綠島最佳的資訊，一舉突破迄今為止，淺碟式的文案或研究報告。

接下來，林熊祥舉光緒年間的《臺東州採訪修志冊》，安徽績溪的胡鐵花（胡傳）的撰寫，只引述蘭嶼面積較綠島大，蘭嶼人從不到台東，台灣與蘭嶼沒有來往，也沒有這 2 個離島的資訊。

　　然後，林氏援引 1945 年 11 月，上海中國科學圖書儀器公司發行的《今日的臺灣》上冊第七章「臺東」，第五節「火燒島」及第六節「紅頭嶼」的敘述：

　　　　火燒島位於臺東之東稍東南二十五公里之海上……面積六十平方公里，大部分是無樹缺草的荒地，唯西北岸地形平坦，可資耕作。沿岸珊瑚礁很發達，居民舊多阿眉番族，至清代始有廈門人以小琉球島（高雄州屬）移居至此，現有人口一千九百零二人，居住區分為公館、中寮、南寮三區，多從事農耕及捕魚。蕃人則已多移居紅頭嶼。

　　由上述內容可知：

　　1. 引據資料可能是 1920 年代末葉或 1930 年代初葉，日本的文本，但數據太過於粗陋。

　　2. 既是「阿眉番」怎麼會跑到紅頭嶼？夥同歷來一些亂抄的文本，筆者推論，一定有不瞭解台灣的人，將阿美與雅美搞混在一起。

　　3. 至此，已知若干錯誤資料，最可能來自 1950 年代暨之前的中國。

　　林熊祥的小書另有附錄。

　　附錄一，引述鳥居龍藏 1900 年發表的〈中國人於紅頭嶼之歷史〉，以及先前本書已引述的伊能嘉矩《台灣文化志》資料，不必贅述。

　　接著記載 1918 年，總督府警察本署出版《理蕃誌》第一編的「紅頭嶼沿革」，詳述日本國與西班牙的共同宣言，確定蘭嶼等領土、領海等國際事務，復記載調查、佈達統治的完整細節。再則引述 1939 年河村只雄的「從臺東至紅頭嶼」的散文式遊記，本書先前已有若干引用，在此略之。

　　附錄二則臚列台灣省文獻委員會出版的書刊，條列出關於蘭嶼及綠島的文獻。

　　總之，林氏小書殆即 1958 年之前，相關文獻引述的室內編輯。

## 🌿 5. 畢長樸 1971 年的〈綠島人種的來源問題〉

　　這篇發表於《台灣風物》第 21 卷第 1 期 3-8 頁的短文，大抵是口訪綠島人，以及引用很少量的文獻，所做的討論。

　　破題先引用蘭嶼雅美人的神話，說是石神及竹神生下一堆有病的兒童，引起創造石神及竹神的神人生氣，將蘭嶼殘廢的兒童驅逐到綠島居住，從而認為綠島的原住民（其書寫為先住民）來自蘭嶼，而華人來到綠島，被驅逐的原住民，大部分又逃回蘭嶼。

　　其次敘述，清末的《臺東縣志》記載，台東人陳必先拓墾綠島，是華人來綠島的先驅。又，政治犯（軍方）所編的《綠島志》說：「迨一百七十八年前（註：1780 年）閩南人陳必先等率族人來居斯土。」因此，畢氏「遍詢綠島父老，皆不知有陳必先其人，更無所謂有臺東遷入之說」，之後，畢

氏訪談鄉公所祕書李德良，李給予「一有趣的解釋」：

> 五、六十年前（註：1910、1920 年代？）的臺東居民，是很少有機會來到綠島的，所以他們對綠島的情形，原是一無所知的。但綠島卻是在臺東縣轄區內的一塊地方，臺東當時修地方志的老先生們，對著此一一無所知的地區，卻不得不有所記載，於是就臆想出「姓陳的必是先來的」，於是就構造出來一個「陳必先」的人物。

然後，畢氏舉最晚一批由小琉球遷來的中寮洪姓人家為例，第六代的洪先生曾回小琉球宗家訪問，1960 年代小琉球洪姓漁民捕魚遇風，亦曾在綠島洪家居住若干時日，此一分支與原家的交流記錄，亦發生在最早期移入者之一的李姓宗族。而小琉球華人有來自泉州同安縣者，其引吳永英〈琉球嶼之研究〉之引《屏東縣志稿》稱：1755 年同安李月老族人之招集親族遷居小琉球而溯源。

於是，畢文闡釋「綠島居民的同安特徵」。

他的「舉證」說，台灣的閩南人因為受到平埔族影響，稱呼妻子為「牽手」，綠島人維持原鄉稱「母」；台灣閩南人受日本人影響，叫黃色鹹蘿蔔為「たくあん」（塔庫骯），而無中文專名。但綠島人則叫為「鹹菜」，這些是語言上的特徵。穿著文化方面，綠島先輩在 1960 年代仍然保持漢式特色，「老年婦女之上衣右衽者，甚至使用銅扣」。

以上，畢氏確定「綠島漢人是由小琉球遷徙來的」，但為何小琉球居民必須遠涉重洋遷徙？其移民的動因列有三種

說法：1. 反清志士避地說；2. 貿易遇風漂來說；3. 漁民追尋漁場說。

1.「這是綠島鄉前鄉長蔡朝旺先生對筆者所下的假設說法」，蔡氏援舉的證據如下：

A. 綠島孤懸海外、「化外」，作為漢人反清之「逋逃藪」的條件良好。

B. 當時，綠島中寮村南端山麓擁有全島唯一的土地廟，廟門朝北，迥異於中國歷來廟門朝南的慣例，象徵「不忘故國之恩」，土地者，故國土地；廟門向北，即北望中原之意。

C. 土地廟前之踏腳石是一塊長寬約 1 公尺、0.5 公尺的石灰岩板，「絕非綠島所產，殆可一望而知」，蔡氏認為此石板來自中國原鄉，置於殿前，「供人出入登踏，使人可重生有踐祖國土地之感」。

D. 蔡氏認為風向、海流的條件，皆不可能使小琉球漁民遷徙綠島。以當時捕魚的設備條件，也不可能讓小琉球漁民遠來綠島附近海域捕魚。

因此，綠島漢人之遷來此，可能與漢人之反清復明活動有關。

2. 第二種說法，貿易遇風漂來說。畢氏認為這是軍方（政治受難者）所編的《綠島志》的說法：

　　遠在清乾隆四十五年五月間（距今一百七十有八年）（註：1780 年）閩南人陳必先偕伙伴五人，駕舟自小琉球（今屏東縣屬）載貨，前往恆春貿易，不幸途遇颱颶，風高浪湧，漂流來此。

　　《綠島志》始編撰於 1957 年，成於 1958 年，都約 2 萬 5 千字，沒有文獻來源或依據，畢氏將之存而不論或「待考」。

　　3. 第三種說法係依據綠島人說辭，乃「追尋漁場」，也就是找尋鮪魚、旗魚等高價漁獲而來。

　　然後，畢氏探討最早來到綠島的人是誰？

　　他再度述說綠島居民認為「陳必先」未曾存在過。而李德良認為從小琉球航海來到綠島的第一船漢人，正是李姓的祖先，在中寮登陸，來後不久，又返回小琉球。李姓先祖第二次來綠島時，帶著他的兒子，二人在中寮砂丘南側蓋了草寮居住。其後，他再從小琉球招集親族，不斷地從小琉球遷居綠島，各姓氏人亦跟隨而來。多年後，李姓父子身亡後，葬其骨於中寮砂丘之陽，即「今李鐵鳳房屋之後身」。1963、1964 年間，李姓宗人有意遷葬此一李姓「始遷祖」的遺骨卻一無所獲。

　　此一說法，「中寮其他姓人氏亦皆承認之」。

　　而畢氏很想查訪、登錄綠島人的神主牌，祖宗姓名、出生、死亡年月日皆有記錄，而且，從小琉球來的牌位的質料、型態、手工、筆跡等，必有異於到綠島之後的產物。但以因緣不足，沒能合宜進行之。

　　最後，畢氏認為綠島「漢人」已混有相當量的馬來人種血統，且 1960 年代，綠島人迎娶原住民女子為妻者，「已有數起」，但島民生活的「漢化程度」趨勢卻日漸增強，這

是因為交通及文化條件「日漸有利、方便」之所致。

　　另附 4 項註解。一則認為閩南人發現小琉球應在明朝末年；第二則說明中國廟宇建築，門皆南向而開。而其文所附綠島土地公廟，是 1965 年的拍攝照片。蔡朝旺先生於 1968 年仙逝，故筆者推論畢氏本文完成於 1969 或 1970 年；第三則引述「軍方」《綠島志》記載綠島土地廟：「民國十年，鄉人蘇國等為提高本鄉文化水準，籲請設立國民學校，並建福德正神廟宇，以為鄉人祀禱之所」；第四則說明畢氏訪問的綠島人，大概皆為中寮與南寮居民，公館人則少有機會訪談。

　　以下，筆者略加評註。

　　1. 這是發表在 1971 年的文章，以該作者在綠島的口訪為主述，直接質疑縣志「陳必先」從台東前往綠島拓墾的說辭，甚至引綠島人猜測該說辭是「捏造而來」，誠乃治學求真的態度平鋪直述，全文雖非嚴謹考據，但實事求是，查訪為據，值得肯定。

　　2. 筆者於 2014 年 6 月首度以旅遊心態造訪綠島之後，興起瞭解、探索綠島的興趣，在收集數十篇（本）相關綠島的文本、研究報告研讀後，直覺上認定綠島可能是陳永華佈局反清復明的海外基地之一。

　　後來看到畢文之引綠島第一、二、三屆民選鄉長蔡朝旺先生（註：1917-1968 年，他究竟是當選三或二屆鄉長，待查，新版鄉志下冊 406、414 頁記載田順仔是首任民選鄉長），力主綠島乃反清志士的避地，筆者感嘆「終於看到有人持如是見解」，而且還是綠島在地人。

　　已故蔡前鄉長的 4 個理由，筆者大致都肯定，但土地廟之踏腳石不見得來自泉州人原鄉，待日後前去驗證再說。

　　然而，除了唯物論思維的所謂「證據」之外，筆者認為泉州反清志士的形而上表現，或宗教哲學的隱藏或象徵表現手法，毋寧更是依據，奈何此面向最乏人論述。

　　李岳勳 (1972) 的《禪在台灣》乃筆者心目中唯一的台灣本土宗教哲學奇書，他在找尋陳永華反清復明的祕密基地時，認為必須具備幾個條件，例如必須逃避清國的監視或避人耳目處；而且，作為民族革命祕密組織地，應由各省各派的菁英人士所匯聚，因而這些人的籍貫、姓氏必然相當複雜、多樣；加上必須有宗教信仰的要素，而宗教信仰古來就是革命運動的保護色（該書 324、325 頁）。

　　就此三條件而論，綠島華人的特色完全符合。就 18 世紀末，開始移民綠島，乃至 1860 年的大約一甲子期間內，移入綠島的華人姓氏高達 14 姓，陳、林、李、蘇、鄭、許、王、蔡、田、施、何、洪、游、董等，大致等同於小琉球早期的移民。筆者大膽宣稱，清代泉州的反清志士先以小琉球為基地，在被清國掃蕩的危機下，才避過台灣島，移遷綠島。而且，他們在清國統治台灣的 212 年期間，從來沒有被異族實際統治過！

　　不只如此，筆者更認為，綠島華人開基者必然是禪門之子，他們唯一信仰是觀音佛祖，且不設神廟，只權宜以自然物「觀音洞」的石觀音象徵其法脈，徹底是「自力聖道」、不立文字的法脈傳承者（相關宗教概念、法理，請參考李岳勳，1972；陳玉峯，2012a；b；2013，等等）。

此面向，無法在此深入申述。

3. 如果畢氏行文前參考過伊能嘉矩、鳥居龍藏、《台灣采訪冊》等等文獻，有可能或必然大改其內容。依筆者目前感受，綠島華人入墾史最可能有 2 大階段，第一階段或即以「陳必先」為象徵的，已湮滅的歷史；第二階段才是現今綠島華人的先祖。此 2 階段相隔大約 2、30 年，而歷來皆被混攪在一起。

4. 畢氏主張從神主牌追溯，現今（後）仍應探討，不只綠島，連小琉球亦應一併進行，且加上宗教哲學、幫會史的研究，配合現代科學儀器的幫助，才可能進一步釐析若干史謎。

以上，筆者列舉 5 篇文獻，略加評述，讀者可以就原文比對。由於本書乃「解說叢書」，第一章試圖說明何謂解說；第二章總說或簡介綠島；第三章環島鋪陳解說素材；本章相當於說明如何開發解說內容的方法，也就是研究初階的文獻解讀。就研究而言，儘可能網羅所有相關文獻，一一解讀，本章即舉例析論。如上每篇（冊）解讀之後，針對各議（問）題，進行交叉比對、討論、分析與整合，條列種種明確或訛誤、矛盾，俾供田野調查、追溯、考據的文獻依據。

田調的功夫因人而異，筆者通常善用任何境遇下，不放過任何人、事、時、地、物的搜集，錄音、拍攝隨時進行。野外只一原則：上窮碧落下黃泉，時空全抓，識覺、意志全開。回室內後，所有錄音一概轉成逐字稿，照片等影像一律

規則編號、標記時空及標題。逐字稿等基本「原料」，循關鍵字（例如地點、人物、事件、年代……）建檔或標註，一旦開始研撰，即可網羅相關資訊。

　　文獻、田調結果詳加比較分析，而後依個人思考邏輯、旨趣或目的，寫出研究報告。凡此報告成果（無論發表與否），就是解說素材。

　　解說則是另一套表演藝術的功夫與心象魔術，在此不論，總原則是活體，最好必須全括理解、瞭解、悟解，甚至靈覺，然後因應萬象流變，進行適當的「界面知識或情境」的表達，包括沉默。

# 參考文獻

王崧興，1967，台灣外島之人口，台灣銀行季刊 18(4)：195-204。

井上德彌，1917，趣味の相馬君，台灣博物學會會報 7(32)(附錄)：25-27。

正宗嚴敬，1936，植物地理學，養賢堂發行，東京，日本。

正宗嚴敬、森邦彥、鈴木重良，1932，工藤佑舜教授及森助手採集火燒島植物目錄，台灣博物學會會報 22(123)：443-463。

白石良五郎，1917，故相馬禎三郎君を憶ふ，台灣博物學會會報 7(32)(附錄)：27。

台灣總督府，1897，火燒嶼；「台灣總督府公文類纂」乙種永久保存，卷 3 門 2；3：官規官職，等等。

交通部觀光局東部海岸國家風景區管理處，2014(發放)，綠島人權紀念園區，摺頁。

伊能嘉矩，1928(江慶林等 9 人譯，2011)，台灣文化志(上、中、下)，台灣書房出版公司出版，台北市，台灣。

伊藤武夫，1917，火燒島の植物，台灣博物學會會報 7(32)(附錄)：8-22。

行政院文建會，2008(5 月 )，綠島人權文化園區 ( 摺頁 )。

佐佐木舜一，1911，火燒島の植物，台灣博物學會會報 1(3)：76。

吳永英，1970，琉球嶼之研究，台灣文獻 20(3)：1-44。

吳耀輝，1967，台灣外島之經濟，台灣銀行季刊 18(4)：205-228。

李玉芬，1997，綠島的人口成長與變遷，東台灣研究 2：99-130。

李玉芬，2000，綠島的區位與人文生態的變遷，國立台灣師範大學地質學研究所博士論文。

李岳勳，1972，禪在台灣──媽祖與王爺信仰之宗教哲學及歷史的研究，國際佛教文化出版社，台中市，台灣。

李思根，1974，綠島小區域地理之研究，經綸學術叢刊，經綸出版社，台北市，台灣。

岡本要八郎，1917，憶相馬君，台灣博物學會會報 7(32)( 附錄 )：23-25。

松田英二，1917，相馬先生を偲，台灣博物學會會報 7(32)( 附錄 )：28-30。

周婉窈，2014，少年台灣史，玉山社，台北市，台灣。

林登榮 ( 主編 )，2007，綠島呷食，台東縣政府文化局出版，台東市，台灣。

林登榮 ( 主編 )，2010，懷古憶舊話過山，台東縣綠島鄉公所出版，台東縣綠島鄉，台灣。

林登榮，2011，綠島傳統地名，台東縣政府出版，台東市，台灣。

林登榮、趙仁方、鄭明修、謝宗宇、蔡文川，2005，綠島生態資源解說手冊，綠島鄉公所出版，台東縣綠島鄉，台灣。

林登榮、陳次男，2007，綠島文化導覽地圖，台東縣政府文化局出版，台東市，台灣。

林登榮、鄭漢文、林正男，2008，綠島民俗植物，綠島鄉公所出版，台東縣綠島鄉，台灣。

林朝棨，1967a，台灣外島之地質，台灣銀行季刊18(4)：229-256。

林朝棨，1967b，台灣外島之地下資源，台灣銀行季刊18(4)：257-268。

林熊祥（編著），1958(1984再版)，蘭嶼入我版圖之沿革（附綠島），台灣省文獻委員會出版。

金平亮三、佐佐木舜一，1934，紅頭嶼火燒島の新樹木，台灣博物學會會報24(135)：416-428。

姜國彰，2003，來自地底的訪客——綠島的地質簡介；在趙仁方等12人，2003，9-14頁。

柳橋、楊遠波，1974，台灣附屬島嶼與本島植物區系之關係，中華林學季刊7(4)：69-114。

相馬禎三郎，1914，台灣農業教科書，新高堂書店出版，台北，台灣。

島田彌市，1917，故相馬禎三郎君採集台灣產新種植物，台灣博物學會會報7(32)（附錄）：3-8。

夏黎明、李玉芬、趙仁方，2014，台東縣綠島鄉誌，台東縣綠島鄉公所，綠島鄉。

徐鳳翰，1967，綠島概況，台灣銀行季刊 18(4)：280-
289。

屠繼善，1894(1960 重印)，恆春縣志，台灣文獻叢刊第
74 種，台灣銀行經濟研究室編印。

梁嘉彬，1968，小琉球考（第廿一次學術座談會），台灣文
獻 19(1)：164-189。

畢長樸，1971，綠島人種的來源問題，台灣風物
21(1)：3-8。

莊文星、陳汝勤，1989，綠島安山岩內之董青石之探
討，經濟部中央地質調查所彙刊 5：67-80。

莊吉發，1982，四海之內皆兄弟——歷代的祕密社會，
在杜正勝主編《中國文化新論・社會篇・吾土與吾民》281-
334 頁，聯經出版公司出版，台北市，台灣。

陳于高，1993，晚更新世以來南台灣地區海水面變化與
新構造運動研究，國立台灣大學地質學研究所博士論文。

陳正宏、劉聰桂、楊燦堯、陳于高，1994，五萬分之一
台灣地質圖說明書，圖幅第六十五號綠島，經濟部中央地質
調查所出版，台北市，台灣。

陳正祥，1993，台灣地誌（全三冊），南天書局發行，台
北市。

陳玉峯，1983，南仁山之植被分析，國立台灣大學植物
學研究所碩士論文。

陳玉峯，1984，鵝鑾鼻公園植物與植被，內政部營建署
墾丁國家公園管理處出版，墾丁，台灣。

陳玉峯，1985，墾丁國家公園植物與植被，內政部營建

署墾丁國家公園管理處出版，墾丁，台灣。

陳玉峯，1995(2001年新版)，台灣植被誌（第一卷）：總論及植被帶概論，前衛出版社，台北市，台灣。

陳玉峯，1997，台灣植被誌（第二卷）：高山植被帶及高山植物（上）、（下），晨星出版社，台中市，台灣。

陳玉峯，2005，台灣植被誌（第八卷）：地區植被專論（一）大甲鎮植被，前衛出版社，台北市，台灣。

陳玉峯，2006，台灣植被誌（第六卷）：闊葉林（一）南橫專冊，前衛出版社，台北市，台灣。

陳玉峯，2010，前進雨林，前衛出版社，台北市，台灣。

陳玉峯，2012a，玉峯觀止——台灣自然、宗教與教育之我見，前衛出版社，台北市，台灣。

陳玉峯，2012b，台灣素人——宗教、精神、價值與人格，前衛出版社，台北市，台灣。

陳玉峯，2013，蘇府王爺——台灣素民史之一例，前衛出版社，台北市，台灣。

陳玉峯，2014a(私人存檔)，綠島口述史採訪逐字稿。

陳玉峯，2014b，私房菜，台北市，台灣。

陳玉峯，2015a，綠島海岸植被，前衛出版社，台北市，台灣。

陳玉峯，2015b，綠島金夢，前衛出版社，台北市，台灣。

陳林頌，2014，全國燈塔最新調查展覽，生活環境博物園雜誌 2014(1)：32-47。

陳皇任，2006，綠島生態旅遊永續經營之研究——生態足跡法，國立台灣海洋大學應用經濟研究所碩士論文。

陳章波、王芳琳，2003，八卦・林投・火燒島，中央研究院動物所、交通部觀光局東管處發行，台灣。

鹿野忠雄，1946，火燒島に於ける先史學的豫察，《東南亞細亞民族學先史學研究》398-424頁，矢島書房發行，東京，日本。

黃于玲，1994，五〇年代火燒島特輯，《台灣畫》雙月刊10。

綠島鄉公所，1992，綠島鄉誌。

趙仁方、林登榮、鄭明修、劉益昌、李玉芬、曹欽榮、楊宗愈、姜國彰、葉建成、連益裕、周大慶、蔡文川，2003，綠島生態人文之旅，台東縣政府出版，台東市，台灣。

鄭明修，2014，瀕危的龍王鯛和隆頭鸚哥魚迫切需要保育，生態台灣45：1-3。

謝光普，2006，綠島山地植群生態及植物區系之研究，國立屏東科技大學森林系碩士論文。

# 附錄①
# 綠島行分享

嚴玉霜
（快樂聯播網台中台／澎湖台台長）

　　從綠島回來 3 天了。三天的環境佈道教育課程，除了讓我更堅定的，要好好澆灌我那剛萌芽的環保種子外，我也要讓自己更有力量的來勇敢面對戕害環境的殺手！在人權園區前，我看到陳玉峯老師「單操」走向盜採貝殼沙的三位「粗勇」在地男面前，用「行動制止」說著我或大多數的人都寧願選擇「沉默」或「視而不見」的話！雖然明知道他們還會再來，但，至少這幕的當下，給我很大的省思和震撼。我常學陳老師說，我要戰鬥，我要戰鬥……，那，此時我那要「戰鬥」的「勇氣」在哪呢？這是其一。

　　其二，是在觀音洞下，老師請位研究所的學生幫大家說明什麼是榕樹？眼看當下這位阿禎學妹應該像我或 DD 一樣，心理 os 地說：「靠！怎會叫我？」沒想到阿禎同學不疾不徐的，有條有理的說出榕樹的自然生態（且我觀察到她也是身體力行的為環境做保育和修護）。刺激的來了，這也是最可貴的一課。阿禎同學的說明後，陳玉峯老師的解釋，再加上楊國

禎老師的補充說明……wow！這堂課時間雖然不長，但，我真正見識到，人家是怎麼做研究的，而我們這種半調子怎有臉在媒體上說唱，真是標準半瓶水的投機客。還好還有成大、台大的學生彌補我們的醜陋！但願也期待，這些環保種子能像榕樹一樣，會生衍不息！

其三，雖然，我笑稱這三天的運動量（實際是兩天），堪稱是用完我年度運動的"扣搭"！但，你唯有登高才發現自己的渺小；你面對大海，才知道自己的淺薄。大自然教室教我好多東西，我也才能真正體會陳老師說的：「覺悟總在滄桑後；真相總在意料外；做過深入研究後，才知道自己一無所知啊！」

台灣由板塊擠壓到出海問世 250 萬年，適逢 4 次的全球性冰河時期，發展演化出鬱鬱蒼蒼的台灣。政治的迫害和外來政權的欺凌，我瞭悟了老師為什麼常說：「過去戰鬥、現在戰鬥、未來戰鬥、死後戰鬥！」

當我觸摸到、每走一步，想到的都是億萬年前，綠島是經由板塊運動造山後所隆起的火山岩和珊瑚礁岩層，當下我摔了一跤，當時我天真地想著，我腿上這一片黑黑紅紅青青的美麗印記，會在綠島的造山運動中記上一筆嗎？很好笑對吧！跟天地比較起來，誰敢言老！誰敢稱博學？就連綠島的「孔子」，都還要面壁虛心受教，更何況你我。

最後，我要求楊國禎老師讓我在綠島也留下點驕傲，而不是「肉腳、肉雞仔」的遺憾和笑話。於是楊老師帶我、DD 及野自，勇闖林投樹林，雖然只有短短三公尺，而，這段路就像海陸要結訓時的最後「天堂路」一樣寸步難行，又

割又痛的！但三公尺後，我看到另一片風景。每一片曾經的落葉，化作春泥更護花，而每片的新芽也將變成落葉；而這就是生態。

　　謝謝陳老師及楊老師們對山林田野間的調查是如此的無私奉獻「無功用行」！

# 附錄②

# 綠島之旅心得

## 蔡宜珊
（成大台文系）

（一）

從紫坪上來後，我不禁感嘆了一句：「原來什麼偉人都是假的，只有大自然是真的！」原本當時是覺得人類實在渺小，無論冠上什麼形容詞，都顯得虛偽。後來想想，其實面對泰來藻也是這種感觸。

記得當時大家撲了空，只看到水芫花群聚，老師推測，可能是前陣子的颱風把它們吹走了。雖然有點可惜，卻讓我體悟到生命的種種情懷。想給你看的時候，大自然就霸道地要你承受那最原始的力量！在公館鼻頂和睡美人頸下，我呼吸著強烈的東北季風，專注地看著潮水裡鼓動的生命，彷彿把我這個稍微社會化的精神與肉體好好折磨一番，找回基因裡固有的靈敏度。但是不給看的時候，你也遍尋不著，無緣也無常，如果你無法度過這等失落的情緒，一直糾結在那裡，那麼心就會加速老化；如果你想通了，也許將可以更接近生命本身，因為它們從來都不會死，你看一片葉子落下，也只是歸於根，化作養分，生死本是來去，消失何必追究

呢？泰來藻只是遊寄於天地之間罷了，沒有所謂歸屬於哪裡。自然的變化，有時讓人又愛又恨，卻激發我最真實的感受；也許偉人故事值得一聽，但我依舊是我，感情是想像的。

有一句話說「這世界上最快的捷徑，就是腳踏實地」，這時候我才明白為什麼老師要我們當下創作，為什麼要去走、去感受。

（二）

人們的愛心有時候就像一塊蛋糕，儘管愛一個人的心情像切蛋糕時那麼美好，但不管怎麼切，總有切完的時候。人的愛心是有限的，大概只有傳教士那類的人，手中捧的是上帝無限供應的蛋糕，解救世人。但是今天，我看到綠島國小姚麗吉校長的愛心並不是一塊蛋糕，而是一袋麵粉，他要教大家如何做蛋糕，而不是切現成的。

有很少教育者可以為小孩做到這樣，讓他們去感受別人的苦難，去傳承土地的記憶。從小到大，我對校長的印象就是巡堂跟出差，關係遠到就像我人在台灣，卻收到美國飄來的瓶中信。但是姚校長不一樣，他替孩子們規劃的四季課程，就像搭起人與自然的橋樑，孩子不是要過他這關，而是要接下他的棒子，繼續跑。尤其是畢業典禮那一段，划獨木舟環綠島，自己的畢業證書自己潛水拿，哇！這簡直只有父親會做的事，而且還透過多少教練與家長的協調啊！我想起自己以前那雙骨碌碌的眼睛，就為了拿到畢業典禮的大獎而感到恥辱，我甚至覺得自我成長跟畢業典禮一點關係也沒有，它就像個華而不實的形式，像火花一樣的絢麗，然後什

麼也沒留下。

　　Henry Brooks Adams 說：「老師的影響是永恆的，沒有人知道他的影響會有多遠。」還好我總是遇到好老師，他們不是在形塑我的人格，而只是刺激我找到方向；他們不會知道我看到的是哪一道曙光，因為撥開烏雲的人是我。

　　現在我住的地方，斜對面就是一間專門販賣參考書的書局，我常常看到父母替小朋友挑書，像在挑菜蟲一樣，一本也不放過；而我就會好奇的觀察旁邊的小朋友，他們的眼神渙散，就像我在綠島看到的梅花鹿一樣無神，真的！我第一次看見梅花鹿的眼睛是失焦的，原來我身旁有那麼多梅花鹿小孩。每次排在那些家長後面，我總會默默地祝福那些孩子，他們沒有辦法選擇自己的天堂，甚至選擇當一個「自然人」的權利，或者說，他們可能永遠不知道這些權利。

　　上了大學後，我才漸漸認識一些志士，他們耕耘的方法是和這片土地一起呼吸。也許人的愛心是有限的，但若你分給愛心的那個人，也願意把自己的愛心分出去，那麼整體來說，這些愛是無限的，因為它就是個循環。我想姚校長也做到了這點，傳承的意義。


（三）

　　前往朝日溫泉的晚上，雖然我們玩著「真心話大冒險」，非常刺激，但當我靜下來觀察夜空的時候，卻什麼也沒有，黑壓壓的一片，又讓我想起過去的事了。

　　記得以前寫作文，很喜歡把明月與繁星擺在一起，覺得

這樣很美。可是直到高中地球科學課的時候，我才知道只有「月明星稀」，因為月亮是最大的光害，要看到兩者同時出現、又在平地，幾乎是微乎其微。當時我可嚇傻了！原來自己一直活在想像裡，國文老師不會挑剔這種觀念，而我也沒有念頭去查證。

我從小就喜歡優美字詞，沉浸在美麗的畫面，卻也掉進文字的陷阱裡。語言與文字本是傳達意念的方法，但大部分的人卻常常被有限的文字框住意念，這有點像是藤纏樹、樹纏藤的關係，過之則空洞，少之則失重，加上人的想像力往往是超乎現實的，這就讓文字變成偽裝的利器。

就像我有次在路上看到大型的建商看板，上頭寫著「生態別墅，即將實現」，我一開始也覺得沒什麼，配上山水插圖，如果可以住在那裡，該有多好，但想想，嗯？不對啊，生態和別墅本是衝突的概念，要住也至少是牛糞做的土角厝，怎麼會跟奢華的大宅院牽扯上呢？這麼形容真是汙辱了生態一詞啊！也許一般人覺得這沒什麼，只是標語而已，但不知道有多少人被建商這麼唬弄過去，甚至被騙了還不知道？

現在的社會有太多太多是文字不能表達或文字可以欺騙的事了！我看著這片黑，開始思考我看到的到底跟我想的一不一樣，老師說一般語言沒有真假值，五百個人聽到就有五百種意思，這是真的！看來文字也是，如果沒有思考，那你想的永遠是表面的東西。除了不能相信自己所想像的，還要用實際觀察去檢驗它。

（四）

　　公館鼻對我來說，真不是一般的難爬。山羊牌割草機把路理得禿禿的，踏上去時有不少砂礫滾落，但每爬到一個稍稍安穩的地方，我就會回首看看之前走的路，真想給自己一個掌聲！以前爬山的經驗不是階梯，就是緩緩的柏油路，沒什麼機會爬天然的路（真奇怪，現在好像什麼都可以分天然或人為）。

　　循著前人走過的路，我們會比較輕鬆，那是因為先輩不知跌倒了多少次才找到了安全的路線；但這次是山羊挑的路徑，四隻腳跟兩隻腳比，的確就沒有那麼可靠了。每一步都是腦力激盪。我的大腦計算著應該踏在哪個點，也許是平地走太久了，竟然判斷不出來；我想像古人飛躍深林，想像古人跋山涉水，如今我只是面對著石子坡，就遲頓、猶疑，還要用手探一下，簡直跟殘廢沒什麼兩樣。當下我真的滿羞恥的，根據演化，我身上應該是目前人類最好的基因，身心卻比原始人還要脆弱，看來是依賴工具太久了。

　　不過一攻頂後，我瞬間又忘卻難過的事。無垠的海，向東可以看到三峯岩、將軍岩和牛頭山，向西可以看到燈塔；風揉著海面，下方像是有一隻巨大的生物翻動著，我想起海上霸主鄭成功，民間傳說他是大鯨魚的化身，進入鹿耳門的時候，冠帶鯨騎，不知道是不是真的，我想像他在海裡悠游，稱霸海底世界，我模擬著他的大氣，面對海的心情。可是過了不久，又想到剛剛在燈塔的白花馬鞍藤，老師曾說白花馬鞍藤的消失，暗示鄭氏政權的滅亡，讓我不勝唏噓。記得後來讀到的文獻資料，說清朝得到台灣後，康熙將鄭氏父子的棺材遷去福建安葬，表面上說不計仇，但實際上事先將

棺墓送去北京行「俘禮」，也就是再讓韃靼人侮辱一番，才
送去南方。如果鄭成功地下有知，大概會憤怒到把陰間給燒
了吧！

　　鄭成功復明意念之深，其實和這次綠島之行也有點關
係，只是我是不知道台灣的定位而來的，再往前推，就是不
了解土地而來。他失去的是版圖，我缺少的是對土地的愛。
原來三百多年過去，我們並沒有爭到什麼；我們只是一直在
畫餅，並沒有吃到餅，何況是珍惜這塊餅呢？我不知道自己
將來可以為社會做到多少，但是絕對不會鄙視為台灣流血流
汗的人。每次聽到選舉的口號說「疼惜台灣人」，之後當選
了卻是糟蹋環境的兇手，看了就噁心；我想到阿嬤那輩的人
憨憨地相信民主、相信選票，真是傻啊！

　　還好，我仍年輕，還有許多事等著我去，這麼一望海，
回溯歷史的種種，又更確定方向了。

（五）

　　記得六月底的時候，我緊張地收下了老師給的信封。

　　我以前一直有個情結，覺得申請清寒補助是件很丟臉的
事，就好像把自己塑造成商品推出去，讓別人看你可不可
憐，寫得越誠懇動人越容易得獎。可是第一次，第一次有人
是直接告訴我「我相信妳做得到」，然後拍拍我的肩膀，給
我鼓勵的，那就是老師。我當時不知道該怎麼辦，只是好想
回去大哭一場，原來有人看見我的價值！

　　我記得小時候很喜歡畫畫，可是方法很奇怪，就是拿一
張薄薄的紙蓋在別人畫好的圖臨摹，因為只要跟著線描，就

可以完成美美的圖，很簡單。有一次被我爸爸看到，他說：
「你這樣子畫不會進步，你不就要找一個東西，看著畫，才
學得會啊！」當時我聽不懂，還是照著自己的方式畫，直到
國中素描課，才明白爸爸說的道理。

那個道理就是，按照別人的線條畫，是看不見整體的，
就算完成了，也不會知道自己畫的是什麼東西。而以前的
我，那種自卑情結，就好像只看到了線條，只看到表面上家
裡的清寒，而沒有看到「整體」，也就是實在的我。但老師
點出了這點，要我相信自己，努力念書。我真的好高興，原
來價值不是要人肯定，而是會讓人家相信。

在睡美人頸下（海蝕洞），我收下老師給的貝殼與珊瑚礁，
當大家陶醉在強風的洗禮時，我靜靜地看著手中的信物，就
好像那天讀著老師寫的小卡，更想起十一年前父親的那句
話，我真的好高興，原來道理都是一樣的。老師、父親，都
是我生命中重要的人，現在那些信物就放在書桌前，我有時
候會把它拿起來，在檯燈下細看，然後會充滿活力，繼續做
學問（當然不是為了考試），希望有一天，可以達到引導別人的
程度。

（六）

在綠島人權紀念館裡，老師要我們自由去探索，身為台
文系，這可是必備的，雖然裡面的人多半沒有被寫在歷史課
本裡，但這些為人權犧牲的人，應該公開讓世人了解。

最令我動容的，這些知識分子讓當地人進入文明社會，
教他們養豬、耕作、讀書寫字等等，還打岸邊的礁石蓋監獄。

台灣菁英的斷層讓人惋惜，但這段歲月卻讓綠島人的知識快速發展，沒有喜沒有悲，只能往前看。他們的一生寫在看板上，流水式的介紹，反而讓我進入沉思，那些被關了三十多年，甚至出獄後被指指點點的遭遇，豈是短短的文字可以概括？有人甚至鍥而不捨的運動，鬱卒而自殺。老師說過台灣人應該要實施轉型正義，設置太廟，讓那些冤魂有個出口。我坐在模型館的小凳子上，想像自己正在聆聽洗腦課程，想起在燕子洞裡新生演戲的熱鬧場景，想起第十三中隊的公墓，想起石壁上滅共復國的痕跡，想起觀音洞裡的「變化觀音」，我真的不知道該說什麼，一切的變化、一切的反反覆覆，只能尊重。我想歷史是讓人在錯誤中學習，就像 Karl Popper 的主張，科學的進步與知識的增長要在實驗的錯誤中學習，回頭檢驗；當時他面對的是佛洛依德的精神分析的興起，他的目的就是要破除迷信。只是歷史是一系列的，不太像實驗的獨立。但是，到底要學習什麼呢？我想是了解在上位者的想法，似乎每個主事者都有心魔，改變了他們的本質，也許是受到某些思潮的影響，也許是被政治綁架，都有可能。了解之後也許就能反過來利用他們，或是與他們抗衡的力量結盟，然後創造新局。這是我在太陽花學運中看到的，也許他們也從台灣政治發展史中預知了這點。

　　後來要回去飯店的時候，我向蘇董招了手，他也向我揮著，覺得這真的很奇妙！這三天裡，蘇董就像天空的一朵雲，靜靜地飄著；雖然沒有說到什麼話，但是看到他總是很早起來吃早餐，與其他叔叔阿姨談話，似乎也在向他們學習。

　　我記得上學期有次在社會科學院看見一位清潔工阿姨，當時她正專心地做垃圾分類，我好奇地盯著她，因為她的嘴唇抹著桃紅色的口紅，畫得很整齊，顏色很自然。也許一般人不會正視他們的臉（我不曉得為什麼，觀察的結果是這樣），但我十分感動，原來無論是什麼工作的勞動者，都有敬業的權利。

　　「學習」真是件奇妙的事，回數過去，真正讓我改變的總不是那些雜誌上所謂「成功」的人，而是那些平凡到了極點的人，用溫暖的行動融化我的固執，希望有一天，我也可以像他們那麼柔軟，那麼謙卑，就像老師曾對我說的，如果做一件事前可以先去想到別人，那你會很不一樣的。想想別人的處境，也是在和自己對話啊！

# 附錄③
# 悠悠綠島隨筆

## 朱子潔
### （台大歷史系）

9 月 7 日我們出發前往綠島。一大清晨，伴隨著細密的霧，我乘著火車抵達台東。第一次到台東、第一次搭東部幹線、第一次向綠島的深厚背景出發。

真正當老師的學生時間雖然只有短短一年，但是我真的很感謝有這樣的福分能遇到老師，或許是我比較常去的宜蘭，也可能是沒去過的大塔山、綠島，老師總提供給我們無限的可能，讓我看見山不只是山，海不單單湛藍，建築物更不單純是表面上看見的如此。在台灣的教育體系下，當一個學生的本分就是安安分分的讀書考試，成天把僵化的知識灌入腦中，卻從來沒有機會去知覺這些明明離我那麼近卻很陌生的事物。

搭上船後，老師把我叫去，塞給我一個用信封裝著的東西，說道：「你們一人兩千。」殊不知，這趟綠島的行程已經由老師幫我們全權負責，甚至還給了我們這些錢。拿回去跟大家討論了幾天後，我們還是不曉得該如何開口將錢還給

老師，但是我想，這些錢的象徵意義更多過於它實際的價值，而老師絕不是希望我們又拿去還給他，後來那天要跟老師在富岡漁港道別時，看著老師暈船過後蒼白的面容，我很怕到台北讀書以後跟老師見面的機會就大大降低，眼眶裡的淚珠不停地打轉，我卻沒有勇氣讓它滴落。回程的火車上我思索著這事，憶起老師拍拍我肩膀時手心的溫度，似乎賦予了我一種責任，而老師給的鈔票，象徵著一種寄託吧！一種希望我們培養自身能力，接續老師守護台灣這塊土地的使命。

在稍強的風夾帶細雨中，我第一次搭著船站在甲板上。看著浪花一陣陣翻騰，海浪起起伏伏，我的心卻越來越平靜，默默地與自己溝通了起來。也是認識了玉峯老師後才曉得大自然的迷人之處就在於此，手機看久了會越來越暴躁，電腦用久了越加不舒服，人造物質其實不一定適合人，但是身處在大自然中反倒讓人能好好沉澱，與自己對話。

在綠島上岸，時值夏秋交際，老天卻很體恤我們的給了一個不慍不火的溫度，讓我們能以最溫煦的情緒，細細體會綠島的環境、人文、歷史。

北海岸的公館鼻，有好多可愛的山羊沿著峭壁邊跳邊走，老師介紹完這裡的地理風貌，便詢問大家要不要爬上去，當時我還興奮地跑第一個，結果卻沒有勇氣爬上去，一方面是穿夾腳拖怕跌倒的關係，一方面是自己還沒調整好以最自然的心態面對這純淨的土地，有點可惜。不過到第三天的清晨，我們爬上牛頭山山頂俯瞰綠島，以本來的心與土地融合，可能跌倒一事就被拋到九霄雲外了，這時我才察覺，

與大自然的接觸是多麼重要，那會使我們懂得放開心胸，打開眼界。因為當眼前的世界是那麼開闊時，那些枝微末節似乎已經不足掛齒。

第十三中隊、燕子洞、綠島金夢的洞口，這些地方現在看來就是自然風貌的地理景觀，卻隱藏著那些不為人知的故事，透過老師的口，在上課和實際走訪時替我們娓娓道來。在燕子洞時，我踏上那塊而今已長滿青苔，卻是昔日政治犯排練戲劇的舞台，不禁悲從中來，默默不語。我不曉得在這塊地方到底發生過多少故事，但是那些無辜的政治犯，在終於有一個屬於自己與同伴共處的空間時，心中複雜的情緒我難以想像，或許有歡欣但勢必夾雜一絲絲憂愁，而那揮之不去的憂愁總終會漸漸地擴散，直至占據整個腦海。正如第三天到綠島人權園區時我的心境，那是一種揪著心頭上一塊肉的痛，不至於使人窒息，卻要一點一滴奪走胸腔中的氣息。第十三中隊也是，這個甚至連當地人都畏懼的墓地，老師卻以充滿敬意的合掌，帶領我們面對歷史，面對確確實實的，在這裡發生過令人悲戚的歷史。歷史可以原諒，但不能遺忘，踏著這地，我誠心祝禱在此遭受不明之冤的政治犯都能獲得安息。

在觀音石像外的白沙灘上，老師正在講解時卻看見有人偷挖白沙，那是屬於大家的、這片土地人民的自然，卻被人偷挖想帶走，於是老師過去跟他們溝通，使他們將沙子倒回原來的地方。從這件事，我看見老師大無畏的精神，對於這片土地的所有物，他願意用一切去捍衛，就像老師反核能、保育棲蘭檜木的愛護土地情操，我真的深深感到崇敬。

　　晚上我們到綠島國小上課。綠島國小也是令我感到驚訝的一處，它沒有在台灣本島各處可見的圍牆，純粹的就是開放式的，與環境共存的一間小學，或許是綠島不大，大家的感情較為緊密，所以小孩在誰家都能互相照應，也或許是綠島本身的歷史背景之下，不希望再加上無謂的圍牆禁錮著什麼了，總之，這樣貼近生活的小學真的很美。老師的課一如往常的精采，尤其是每每知道老師做這些事總是無私的奉獻時，更是讓我敬佩，老師對於這塊土地的愛護、所作所為不為己的精神，讓我期許自己在有能力的範圍內，向老師看齊。校長的敦厚也讓我留下深刻印象，雖然貴為綠島兩間小學之一的校長，他卻是如同一般人的樸素，而且校長願意了解綠島的歷史，更結合綠島本身資源給小孩一場不一樣的畢業典禮，使我深深的感動。

　　第二天由玉峯老師和楊老師帶領我們認識綠島海岸植被、地形風貌。我很喜歡睡美人的脖子下那段路程，出乎意料，依傍著垃圾掩埋場的另一面是難以想像的美景，大片黑色火成岩砌成的牆，讓我望著發呆，只能無言地讚嘆大自然的鬼斧神工，然而穿過整片火成岩後看到的又是另一個世界：潔淨透明的海水、小巧可愛的熱帶魚、海菜絲絲綠的發亮、白沙更是那麼的夢幻，聽說蘇眉魚也會在此地出沒，更曉得這裡是多麼值得我們去守護。

　　在吃午餐、有老鼠吃起士岩的地方，有方小水池，裡面有一些小小魚兒，在等其他人到海蝕平台探訪時，我坐在小水池旁歇息，順便讓腳泡泡水。突然，有種奇怪的感覺，好像腳癢癢的，低頭一看才發現小魚正在啄我的腳，一下縮回

去、一下探出頭的樣子實在太可愛了，是路途上的小確幸。

　　晚上我們去泡朝日溫泉，要從統祥大飯店騎車到幾乎對角線的朝日溫泉。朝日溫泉很舒服，但讓我驚豔的是那完全無光害的天空。從小生長在都市的我，晚上的天空總是深藍色的，像海底一般的顏色，我也不覺得有什麼不對勁，然而直到在綠島，我才知道原來去除掉人類製造出來的光害的夜空其實是醇厚的黑，一種看著看著會醉人的黑，伴著點點星光，我仰著頭陶醉，一路上還跟媛榆一起放聲高歌。朝日溫泉特別之處，在於它是由海底火山爆發形成的地熱溫泉，當天雖然地熱溫泉沒開放，可是泡過之後也覺得通體舒暢，還跟大家一起玩真心話大冒險。

　　第三天是自由行，我們清晨先上牛頭山山頂觀日出，雖然沒看到日出，但是一覽綠島全景依舊很值得，躺在草皮上彷彿忘掉所有的種種，心靈有種被淨化的感覺。

　　接著去綠島人權文化園區，一連串的震撼鋪天蓋地席捲而來，參觀的路途上，我多數時間靜默不語，雖然已經聽過老師口述、看過書籍資料，還是無法掩飾心裡的徬徨。那麼小的囚室、那麼高的圍牆、那麼密閉的空間，壓得我連走進囚室都不敢，但是那些政治犯確確實實曾經被囚禁於此地。天空被切成四方形的日子是多麼無奈，而那些今日看來可笑荒謬的洗腦標語，是政治犯們不斷不斷被改造的目標，需要多麼強的心志，才能努力捍衛最後一方淨土不被逼瘋我不知道，因為我光是想像待在此地就無法忍受。

　　歷史可以被原諒，但不能被遺忘。我們還是必須要面對歷史的傷痛，儘管這段過去是多麼不堪。

　　最後我們去弔念先輩們，那些或許是最早居住於此地卻遭蒙不幸的先輩，希望有天，台灣的政府願意出來為他們記錄這段歷史。香菸點燃，我們合掌，書中一幕幕悄然浮現眼前，天空下起細雨，先輩給我們回應。或許是巧合，我卻寧願相信是先輩們聽到我們的祝禱。自然造就了我們，而我們終將回歸自然，但記憶卻不會輕易被抹去，由一代代永世傳承下去。

　　謝謝玉峯老師帶我們去綠島了解更多事、謝謝楊老師的詳細講解、謝謝綠島國小校長的陪伴與幫助、謝謝蘇董願意支持老師做這麼好的事、謝謝阿湯助教跟助教的女朋友替我們規劃統籌這麼多事、更謝謝綠島這塊土地的生靈庇護我們的旅程，願先輩與無辜受難者安息。這三天的行程或許不會對我的人生造成直接的影響，但我相信跟著老師的一次次經歷，都會化作養分，滴滴灌溉，使我更加成長茁壯看見不同視野，繼續把老師的精神傳承下去，守護台灣這塊我所愛的土地。

# 附錄④

# 悠悠綠島身心靈震撼之旅

### 張媛榆
（成大台文系）

　　從綠島回來也已經過了幾週，直到現在才動手寫心得，一是因為剛回來太過於疲憊（身疲心不累），二是想等過幾週再來回味一次那三日的身心靈震撼之旅。綠島是我去過的第二個離島，第一個是琉球鄉，一個比綠島還小的島嶼，也是被珊瑚礁所環繞，它帶給我的震撼比綠島小很多，或許是我探索它的方式錯誤，走馬看花的旅遊無法真正深入當地的核心價值，而這趟綠島遊帶給我的附加收穫，可能是使我對旅遊的方式大大改變吧！

　　七號那天下著雨，我在火車上十分緊張，深怕大雨破壞我期待已久的旅行，雖然說這三天是旅遊，在我心中，旅遊的成分其實少於學習。在船上，一知道能去甲板，我就馬上跑出去，難得能坐船，我不想浪費時間坐在艙內吹冷氣，能夠被海洋三百六十度包圍的機會可不是每天都有。雖然依舊下著雨、頭髮被海風及帶著鹹味的濕氣吹得糾結成一團、眼鏡又濕又霧看的前方濛濛一片，但我被雨淋得很開心！看著

台灣越來越遠，終究消失於雨霧中，我的心情越來越亢奮，隨著船離綠島越來越近，四周都是汪洋一片，不暈船的我竟然開始有點想吐，因此心情開始平靜下來，快到達目的地時，雨也漸漸停歇。

上岸後，我第一個感到驚訝的是看到一間店前綁著隻梅花鹿，本以為鹿是非常珍貴的動物，沒想到綠島的鹿肉竟然是土產之一！這大大顛覆我過去的認知，綠島竟然有那麼多鹿！還有野生山羊！在綠島騎著機車真令人感覺通體舒暢，感覺少了分束縛，風也令人感覺格外清新！我真想騎著機車大叫，無奈我當時膽子小，怕嚇到別人，但我最後卻在第二天晚上騎車亂吼亂叫了，這部分就等我寫到第二天再提！

第一個景點是北海岸的公館鼻，真不懂我當時為什麼要穿夾腳拖，明明雨已經停很久了，為什麼還要懶惰的不想換鞋子。聽著老師講解公館鼻，說上頭有很多羊糞便，因此可以找到羊走上去的路徑，老師指著石壁，同時說這就是所謂的羊腸小徑。我循著老師所指方向看過去，果真在近乎垂直的石壁上有一條可以說是小徑的「路」，一夥人就這樣爬了上去，還十分迅速，我鼓起勇氣爬了一半，在轉角處看著下方，腳不由得抖了起來，心想我爬得下去嗎？這可是一步踩錯就後悔莫及了，我又穿著夾腳拖，會不會真的太危險？在我內心交戰時刻，已有許多人到達，最後我和子潔半途而廢了。在下方看著其他穿夾腳拖的同學和年紀大我幾倍的長輩都成功攻頂，我！超！後！悔！看著小白從上方跟我揮手，我下定決心要豁出去，畢竟能爬上去的機會可能只有這一次，自己來綠島玩怎麼可能會有勇氣爬上去，就算有，也不

會有那麼多與自己志同道合的人陪伴了。

　　我就只寫出幾個令我印象較為深刻的事物，不然可能三天三夜都無法寫完心得。第十三中隊，是個當地綠島人都不太敢踏入的禁地，在此埋葬著許多政治犯的愁苦靈魂，我合掌向祂們鞠躬，老師向地上撒了點米酒。在這些因時代悲劇犧牲的前人面前，我們所能做的僅止於向祂們表達敬意。走過第十三中隊，便是《綠島金夢》書中故事發生的地點，我在閱讀書時曾做過無數想像，看到真的挖金洞時內心起了一陣波瀾，那麼小又近乎垂直的洞，一個人進去都顯得困難，更何況兩、三個人，要上到洞口的路途也不算簡單，一段的上坡路加上滾滑的土石，要背著先民的骨骸走回程路可不是簡單的任務！

　　在三天的行程中，我最有感觸的地方其實就是第十三中隊和燕子洞，老師在課堂上有提過與事先看過《綠島金夢》或許是原因，但主因還是在那裡所發生過的故事，其次是那裡美不勝收又少人打擾的寧靜，如果那天的時間允許，我會想在那裡坐上整個下午，或許是坐在燕子洞內看著過去政治犯排戲的小台階，或許是坐在一個能看到海又看得到第十三中隊的海岸邊傷幽懷古。在看《綠島金夢》時能感受到的有限，但到實地走一趟後，或是回到台灣懷想當時情景，情緒才會一併爆發，當天晚上住的也是與《綠島金夢》大有關聯的統祥飯店，我們也有見到當事人，她後來又跟我們說了段小故事，細節就不多說，但她掛保證《綠島金夢》中的故事皆為事實，有些事情不必明說或靠科學來解釋，細細用心體會就會了解什麼是真、什麼是假，而有時一件事情的發生，

就巧合得足以讓整個旅程帶給我的感受加倍，也讓我更加確定整個故事的真實性。

　　牛頭山也是我喜愛的綠島景點之一，但其與歷史無關，我喜愛純粹是牛頭山帶給我的感覺與珍貴回憶。牛頭山從遠方看就真的是個可愛的牛頭，與睡美人和哈巴狗相比，這地方至少沒有為了商業化而編出一些子虛烏有的故事，老師替那些景點取的名字有趣多了（孔子尿尿岩這個名字一直在我腦海裡揮之不去）！會去牛頭山的感覺大多是在地人，我有看過一些遊客的線上遊記，行程八九不離十是燈塔、大白沙、觀音洞與人權文化園區。來綠島不去牛頭山真的太可惜，這裡的草原比朝日溫泉上方美太多，高低起伏的地勢能俯瞰整個綠島地形、楠仔湖與東北海岸。對這裡實在太念念不忘，第三天的凌晨我們騎了機車又再次跑到牛頭山看日出，無奈天上佈滿雲，可惜了這一片沒光害的美麗綠島草原，多想躺在草原上看著滿天星斗！但我似乎太貪心，那三天沒下雨已經是老天爺給的極大恩惠了吧！其實在第二天晚上去朝日溫泉時我便一直祈禱雲能散去，果真有散了一下子，讓我看到了幾顆星。說一下題外話，夜晚在綠島路上狂飆只能用「爽」來形容，我們騎車時亂吼亂叫，吹著綠島夜晚的海風，往海邊看去還能看到遠方台灣的闌珊燈火，好想回到那一個瘋狂、令人懷念的夜晚，不知道什麼時候還能和我的好友在晚上騎車狂飆，唱著我們兩人都喜愛的歌。

　　我們爬到牛頭山最高處等待日出，那裡十分陡峭，頂端的空位也不大，要用文字形容那座山丘的高聳與壯觀實在困難，在第二天到牛頭山時，便有人在頂端打坐，感覺那裡就

是集綠島一切精華的所在。果真如此，爬到頂端所看到的景象實在不足以用壯闊所形容，相機也無法拍出我眼所見，上頭的風，大到我坐著時身體都會搖晃，鼓起勇氣站起來轉了個圈，四面八方的美景盡收眼底，但我的雙腳其實顫抖得十分厲害，感動加上些許的害怕。我感動大自然的鬼斧神工、感動我竟然成功爬上來、感動綠島所曾經有過發生過的人事物，而與感動相比，我對自己所處的險峻地勢的害怕就顯得微不足道。

　　這趟旅程與一般觀光客的行程有極大的不同，當然得到的收穫也會有所差異，或許你問很多曾到綠島的觀光客，他們只會回你說綠島哪裡好玩或有什麼東西，但我卻會回答綠島是個無論是人文或自然景觀皆十分豐富的島嶼，這裡有太多傷心故事，這座島嶼雖然美，但曾經發生過的悲慘史事卻不可忘記。老師在最後一天安排自由時間讓我們能去參觀人權文化園區，就是為了不使我們的心情過於沉重，這考量真的十分正確！

　　從人權文化園區外圍就能了解當時國民黨政府對政治犯的壓迫有多嚴重，這是出生於解嚴世代的我們無法真正體會，圍牆上、山壁上及內牆皆有代表當時意識形態的標語，「實踐三民主義　光復大陸國土」、「滅共復國」、「台獨即台毒　共產即共慘」，這些標語都好經典，現在看到那時代的遺留物，我真的覺得當時的政府怎麼會有如此死板或令人無法理解的作為，言論自由真的得來不易啊！而當時的政府說認真的也實在莫名其妙，在中國與共產黨打輸跑來台灣後，認為「自己是中國人」的政府還要「認為自己是台灣或

日本人」的台灣真正在地主人一起打中共，不服或有不同思想就要被關或思想改造，那不是殖民是什麼？到了台文系後我才深深發覺自己過去被洗腦得有多嚴重，常常上課或讀文本時，內心就像被投無數顆震撼彈「轟！」、「轟！」、「轟！」的敲擊我內心，感覺內心有什麼東西被解放出來了。

　　再回到文化園區裡頭，我認為這裡並非觀光地，而是個令人回顧、反省過去曾經犯過錯誤的地方，但真正該來這裡反省的人並非我們，我們是來這裡飲水思源，知道某些人在台灣曾經造成的傷害，重點是人不可忘記歷史！我看不慣有人竟然在園區裡頭大唱國歌或在愚蠢的標語前比「耶」拍照，或是將監獄變成商品販售或以監獄為主題做任何娛樂用途，你會拿某人的傷心事開玩笑嗎？或是在墓園裡比姿勢拍照？而在園區裡唱國歌你是認同當時政府做法還是想重回威權體制？或許我做的比擬太過偏激，但當下我就真的如此認為，看著園區裡的介紹，心情一定會隨之沉重甚至想流淚，我認為那些遊客非常白目！當然這只是我的看法，我也尊重每個人對待事情有自由的權利。

　　這三天就是我暑假的全部，它讓我的暑假圓滿了，說這是身、心、靈震撼之旅真的一點也不為過，其實我還有一個我喜愛的地點沒提到，那就是垃圾場下方通往睡美人頸部那段路，美景是其次，在那段路上我看到一對夫妻倆的深厚感情，他們感覺已可能是爺爺奶奶的年紀，由於路途不是普通的難走，有時還得攀岩走壁，途中我聽到一句話「你自己專心走，不用回頭來一直照顧我，我自己會小心」，這或許只是句簡單的話，但能到大把年紀了，還有那麼一個人陪我上

山下海，那便是莫大的幸福。

　　在前文有提到某件很巧合的事，便是在旅程的最後，老師帶著我們去了綠島先民們的小廟，看著香菸被點燃，我們一起合掌祭拜，我的思緒又回到書中的故事，原本的文字皆化為真實顯現在我眼前，當下心中有一段酸楚，那些先民的故事是如何呢？未來我也終將化為白骨，那麼我現在的生命也不足掛齒了，宜珊說大自然才是真正的偉人，大自然也會吞噬掉一切，沒有人能逃過，就像老師說過自然有很多種，時間也是自然，在綠島上的傷痛被時間沖刷而逐漸被世人所淡忘，而造成傷痛的人因時間沖刷而一一離去，現今的我們因時間的沖刷站在大自然給予的島嶼，而海浪即時間的沖刷造就我們的現在，即現在合掌的我們與即將告別的綠島。

　　我相信當我們合掌鞠躬起身的當下，那場小雨並非單純的偶然，時間分秒不差讓我起了雞皮疙瘩，老師說那是綠島先民們給的回應，祂們知道我們來過了。這三天的收穫想必不用再多說，想謝謝的人也好多，覺得當老師的學生實在太幸福，有時覺得我所得到的比應得的還要多太多，不知道如何回報，只能跟老師說我們這三天真的過得太太太太充實，也不會白白浪費老師給我們的資源及所學。

## ────附錄⑤────

# 綠島，我來過。

陳昱蓉
（成大台文系）

　　在綠島的三天，短短的三天心境的變化起伏了許多。貼近自然的學習，不僅僅只是腦海中知識域的開闊，在心靈層面烙印的是更多的感觸。

　　第一次踏上綠島的土地，面對一個對我來說完全陌生的地方，我的內心充滿了好奇心和喜悅，期待著綠島這片土地能帶給我的視野。當我們環島來到了公館鼻，我望向小丘，發現有兩三隻黑色的生物，正爬在海崖邊，起初我以為那是狗，後來才知道那是山羊。看著陡峭的岩壁，我正佩服著能夠往高處攀爬的牠們，玉峯老師就開口問我們想不想爬上去。一開始內心的恐懼很大，但是慢慢習慣了「四隻腳」的節奏和步調以後，思索下一步可以踩在哪裡就成了一種樂趣。尤其，在成功爬到頂端時，迎來的海風，和眼前的那片汪洋頓時掏空了內心的雜質，讓我能全心全意的享受眼前的美景帶給我的治癒。

　　綠島有很多特殊的地形和景觀，然而在自然上的特殊以

外，其中的歷史和人物，都述說著這塊土地特有的存在。燕子洞中光與影的變化，在我眼中看來是自然給予的一種奇幻美，然而試想早年在此受刑的政治犯，日復一日的面對這些光與影的變化，對他們的內心是怎樣的感受呢？

接下來的幾個行程，玉峯老師一一的將綠島的各種自然景觀和人文介紹給我們，從牛頭山、觀音洞到楠仔湖，老師不藏私地把每一個景點的特色和歷史告訴我們，陪伴我們一同感受綠島這片土地，在牛頭山望外看去，可以看見其中一個台灣領土的邊界。或許台灣在國際上備受打壓，台灣也有許多人對於這樣的局勢投射消極的心態，但是能夠藉由土地去了解自己身為台灣人的意義，是件很幸運的事。而綠島國小姚麗吉校長的課程中，更讓我感受到，他身為綠島人是多麼愛這片土地，和這片土地承載的人、事、物。在綠島的第二天，我將全身的體力，付諸在感受和探索上。跟著玉峯老師攀爬到的私房景點，路途中都有些許的困難和危險存在，但是我們所享受到的卻是無與倫比的美麗。當歷史和許多我還無法理解的現實襲來，一天下來是身心俱疲的，人之於自然顯得如此的無知和渺小，偉人和聖人這樣的名詞也顯得多餘，只有在我們試著回歸自然時，才可能體悟到自然要給予我們的是怎樣的祝福。

第三天的自由行，我們起了個早，四點準時出發前往牛頭山上，在一片漆黑的狀態下，我們乘著海風等待日出的那一刻，雖然因為雲層太多，沒能看到太陽出來的瞬間，但是在整個過程中，卻是沉澱心靈很美好的時機。之後我們來到綠島的人權文化園區，在參觀完以後，我了解老師為什麼讓

我們將人權文化園區放在最後了，在自然最純粹的美麗中，若夾雜著人性和歷史悲痛的因素，那麼我們欣賞的視角，是會被無情的蒙蔽的。看著眼前的美景，有著血淋淋的歷史，那樣的美麗不再單純，被狠狠的蒙上了一層淒涼的薄紗。離開前，老師帶我們到先輩的祠堂祭拜，我在內心默默的感謝先輩，並且祈求祂們能夠繼續保佑綠島這片土地。在我們祭拜完，墳墓的這一帶開始落下細雨，老師說那是先輩們給我們的回應，當下我的內心十分的感動，那樣的感動到現在都一直存在著，尤其在我發現除了墳墓的那一帶，綠島的其他地方並沒有下雨時，更加驗證了那些先輩對於我們的回應。

我帶著那份懵懂的、感謝的心，搭乘返回台灣本島的船。看向綠島的方向，內心的激動和這三天的起伏漸漸平復下來，我想著台灣這片土地和先輩給予我的能量，雖然我始終摸索不出自己眼前的道路，也還不明白面對歷史真相的沉重自己能做些什麼。但是越了解台灣的一片土地，越靠近一些血淋淋的歷史，我更能意識到自己身為「台灣人」所要背負的是怎樣的命運。如同玉峯老師所說，面對更多知識以後，自己會變得更加渺小，我想我得花一生的時間去消化、沉澱這些感受。感謝老師，感謝綠島，感謝這些美麗讓我去探索。綠島，我來過，我還會再來！

# 附錄⑥

# 帶著謙卑去旅行

Alnus Cruise

　　最近除了跟著玉峯老師深入遊覽綠島，也去過蘭嶼，這兩個相距不遠的島嶼，在許多面向來說，合該非常相像，但因為住民與觀光的發展等等因素，演變成兩個世界。

　　入港的眺望印象，蘭嶼熱帶島嶼的氣質突出，山巒充滿野性活力；綠島相對黯淡，散發出秋末的倦意，也許是木麻黃造林所致，也許是顯眼的人造建築，港區機車海震懾了我，試想著它們全數出動的驚悚畫面……。縱然綠島當地生態環境特殊，但觀光旅遊情況停滯，未看到貼近當地風土民情之遊程規劃，好似縮小版墾丁，小小綠島應該也要分區妥善規劃，之後的旅遊過程、心得，因人觀點立場、興趣喜好不同，綠島的記憶，如人飲水不消多做分享，那就談談「感受」吧！

　　綠島的觀光，目前最大「賣點」——監獄文化，相關近代史是政治強加諸其上，理應抽離旅遊本體，不該以觀光的態度經營規劃，導覽解說在此需要最大掌控。歷史是文化的底蘊，從前的歷史把持在少數人手上，斷簡殘篇、穿鑿附會，讓我們搞不清楚自己是誰，沒有歷史，失去了文化。拆解理

順後再揉合，再解開、理順，再整合，不斷重複，我們才能看見真正的台灣，這也就是玉峯老師勤奮不懈在做的事！完整而客觀地認識這段敏感脆弱且真實嚴肅的台灣歷史片斷，有助於讓我們更珍惜目前得來不易的和平。

　　跟著一群群的遊客排著隊下船、上船，搖頭晃腦的滑稽畫面，讓我聯想到極地的國王企鵝群，但卻油然而生一股厭惡感——要是我是當地人，一定很討厭這群黑壓壓的外來客，又不得不伸手接待他們……，過度開發、垃圾汙染、貧富不均，整個島的問題，都是「觀光」帶來的。這些問題大家都知道，只是無法根絕，我在垃圾掩埋場前，很用力的思考，我們洗劫了這，還留了一座難以處理的垃圾山，也太不厚道了。那在船票中加個垃圾處理稅，把這些垃圾帶回台灣本島處理，可行嗎？社會規範基本有 4 種類型：風俗習慣、倫理道德、宗教信仰以及法律，前三項都是具備在地特性，僅以法律牽制外來客恣意來去的不負責心態，這兒能回復美麗嗎？這也只是治標不治本的措施吧……。

　　那「貧窮」跟觀光有什麼關係，觀光不是帶來錢潮嗎？電影《薩爾加多的凝視 (The Salt of the Earth)》中記錄難民集中營，其中有個橋段是逃難者離開集中營，轉而進入森林中，再被發現時，這群「難民」過得不錯呢！因為他們本來就是在森林中生活的部落啊！只是資本社會的強行進入，原本衣食無虞的獵人、農夫，無獵可打、無田可耕，讓他們捨棄了自己原本的生活方式，更者讓他們失去尊嚴，僅能依附在龐大商業結構體系的邊緣。

　　所謂的「旅遊」，一直以來都是由觀光客（消費者）引領在地的型態，已讓許多人滿為患的觀光勝地不堪負荷而轉往衰敗，現今這些以觀光為主要經濟來源的偏鄉部落，除了原

本住民自覺醒悟、找回自己的驕傲外，徹底用在地的風俗習慣、倫理道德、宗教信仰，將旅遊導回親土親民，應是真正的根本之道。

讓台灣旅遊型態轉變精煉，回歸土地，以在地人文歷史、環境生態構築軌道，馴化旅人覺知與素養，用滿滿的「在地生活型」洗滌消費行為：旅行的意義，絕不是換個地方消遣、消費。在壯闊的天地之間，人們常會發出：我們非常渺小的喟嘆，但是當你認真觀察、思考後，你會發現「人」太大了！一個人每天要消耗如此多的食物、能源，製造那麼多垃圾，你看，書桌上那隻蜘蛛默默吊在牠織的網那多久了，都還沒進食呢！人是時候，學習縮「小」——越小越好啊！離開熟悉環境，也是再次認識自己的方式，試想讓你再三回味的旅程，常常是充滿「意外」的那次：我們也是可以在縮衣節食、顛沛流離的狀況下活下來的嘛！

透過轉換環境，從與自己迥異的人事物，重新（從心）看自己，對地方本身心存好奇，對自己這趟到訪心存誠意，感受自己經驗範圍以外的人生樣貌，敞開心胸，入境隨俗當地與時並進的脈動，而非享受短暫的「賓至如歸」。

帶著謙卑去旅行，讓自己獲得嶄新的力量！

綠島掩埋場空拍照。當我們面對醜陋能勇敢地不把頭別過，才能真實擁抱完整的美好！（護樹小白2號攝）

國家圖書館出版品預行編目（CIP）資料

綠島解說文本 / 陳玉峯著 . -- 初版 . -- 台北市：
前衛，2015.11
304 面；15×21 公分 . --（山林書院叢書：12）
ISBN 978-957-801-787-0（平裝）

1.生態旅遊 2.人文地理 3.台東縣綠島鄉

733.9/139.9/127.6　　　　　　104024687

# 綠島解說文本

| 策　　劃 | 山林書院 |
| --- | --- |
| | http://slyfchen.blogspot.tw |
| 著作・攝影 | 陳玉峯 |
| 打字、校稿、編輯 | 吳學文、湯冠臻、劉醇懋 |
| 責任編輯 | 陳淑燕 |
| 美術編輯 | 日日設計 |
| 出 版 者 | 前衛出版社 |
| | 10468 台北市中山區農安街 153 號 4 樓之 3 |
| | Tel: 02-2586-5708　Fax: 02-2586-3758 |
| | 郵撥帳號：05625551 |
| | e-mail: a4791@ms15.hinet.net |
| | http://www.avanguard.com.tw |
| 出版總監 | 林文欽 |
| 法律顧問 | 南國春秋法律事務所林峰正律師 |
| 出版日期 | 2015 年 11 月初版一刷 |
| 總 經 銷 | 紅螞蟻圖書有限公司 |
| | 台北市內湖區舊宗路二段 121 巷 19 號 |
| | Tel: 02-2795-3656　Fax: 02-2795-4100 |
| 定　　價 | 新台幣 400 元 |

★「前衛本土網」http://www.avanguard.com.tw

★ 請上「前衛出版社」臉書專頁按讚，獲得更多書籍、活動資訊
　http://www.facebook.com/AVANGUARDTaiwan